읽기 텍스트를 활용한

한국어 글쓰기

윤남희 지음

외국인을 위한
중·고급 과정 중심 글쓰기

윤남희

국어국문학 박사/ 전 우송대학교 초빙교수, 현 우송정보대학 초빙교수

『중급 학습자를 위한 TOPIK 어휘·문법 다지기』 공저
『맛있는 글쓰기-외국인을 위한 글쓰기 안내서』 공저
『알아두면 우리 아이 행복해요(다문화 가정 학부모 지침서)』
『다문화 가정 학부모를 위한 자녀사랑 한국어』
『다문화교육 다가서기』
『외국인을 위한 한국어 초.중급 글쓰기』

hee777n@hanmail.net

감수 이영조

배재대학교 주시경대학 교수

읽기 텍스트를 활용한 한국어 글쓰기

발 행 일	초판 2021년 2월 15일
	개정판 2023년 11월 07일
저 자	윤남희
펴 낸 곳	소통
펴 낸 이	최도욱
편 집	곽승훈
디 자 인	조해민
주 소	서울시 금천구 시흥대로 193 아람아이씨티타워 1110호
전 화	070-8843-1172
팩 스	0505-828-1177
이 메 일	sotongpub@gmail.com
블 로 그	sotongpublish.tistory.com
가 격	18,000원
I S B N	ISBN 979-11-91957-33-4 93700

이 도서의 국립중앙도서관 출판예정도서목록은 서지정보유통지원시스템 홈페이지(http://seoji.nl.go.kr)와 국가자료공동목록시스템 (http://www.nl.go.kr/kolisnet)에서 이용하실 수 있습니다.

이 책의 내용은 저작권법에 따라 보호받고 있습니다.

읽기 텍스트를 활용한

한국어
글쓰기

소통

목차

[책의 구성]

머리말 6

일러두기 8

1 설명하는 글쓰기

1과	자존감	정의·대조·예시형	17
2과	온라인 문화	나열·비교·분류형	29
3과	대체 에너지	통합형	41

〈설명하는 글쓰기 연습〉 · · · · · 53

2 논증하는 글쓰기

4과	인구 감소	근거 제시형	63
5과	미래 인재 교육	문제 해결형 1	75
6과	행복	문제 해결형 2	87
7과	4차 산업 혁명과 AI	비판·논쟁형 1	99
8과	감시	비판·논쟁형 2	113

〈논증하는 글쓰기 연습〉 · · · · · 127

3 보고서 쓰기

9과	유학생 생활 조사	설문 조사형	137
10과	공정 무역	자료 조사형	161
부록	문장 표현의 예		172
	쓰기 모범 답안		176

머리말

생각을 글로 표현하는 일은 쉽지 않습니다. 무엇을, 어떻게 써야 할지도 고민이지만 글쓰기 자체에 대한 부담이 크기 때문입니다. 특히 외국인들은 글쓰기 방법뿐만 아니라 한국어 능력과 배경 지식의 부족이라는 이중고를 겪게 됩니다. 이러한 이유로 글쓰기를 아예 포기해 버리거나 단순 암기를 해서 임기응변으로 대처하는 학생들도 있습니다.

저자는 수년간 대학에서 외국인을 가르치면서 이러한 문제를 고민하고 해결책을 찾기 위해 노력했습니다. 글쓰기를 쉽게 접근하려면 배경 지식이 풍부해야 하며 과정중심 글쓰기가 이루어져야 하는데 이 두 가지를 충족시킬 만한 교재를 찾기 힘들었습니다. 따라서 다양한 주제의 읽기 자료를 통해서 배경 지식과 형식을 익히고 모방 글쓰기를 할 수 있는 책을 만들게 되었습니다.

최근 읽기-쓰기 연계 학습에 대한 관심이 커지면서 현장에서도 이를 접목시키기 위한 노력이 활발해지고 있는 것이 사실입니다. 그러나 읽기에서 쓰기로 넘어오는 접점을 중심으로 각 항목을 촘촘하고 질적으로 결합시킬 수 있는 방법을 제시하고 있는 책은 찾기 어렵습니다. 이 책은 이러한 문제의식에서 출발했기 때문에 쓰기 능력 향상을 위한 전략적 읽기를 제시하고 이를 쓰기와 자연스럽게 연계되도록 구성하였습니다.

이 책은 읽기 자료를 통해 다양한 글쓰기 형식을 익히고 배경 지식을 충분히 쌓은 후 글쓰기에 들어간다는 점이 특징입니다. 글을 쓰는 과정은 배경 지식을 적절한 표현과 구성으로 표출하는 행위이기 때문에 배경 지식이 없거나 표현 방법을 모른다면 좋은 글을 쓸 수 없습니다. 그러므로 전략적으로 구조화된 읽기 텍스트를 읽으면서 글의 형식을 익히고 좋은 정보를 얻는 것이야말로 글을 쓸 수 있는 씨앗을 심는 과정이라고 볼 수 있습니다.

외국인 학습자들은 그 씨앗을 바탕으로 사고의 확장부터 문장, 문단, 글쓰기까지 단계별 과정을 밟으면서 자연스럽게 한 편의 글을 완성할 수 있을 것입니다. 이러한 과정이 가능할 수 있도록 글쓰기 단계마다 문형과 담화 표지를 제시하여서 학생들의 글쓰기 부담을 최소화할 수 있도록 하였습니다. 또한 글쓰기에 대한 부담감을 줄 수 있는 설명이나 용어를 배제한 것도 특징입니다. 표현이나 담화 표지를 따로 설명하지 않고 읽기-쓰기 과정에서 익히고 반복을 통해 체득할 수 있도록 구성했습니다. 그리고 각 과 마지막에 목표 어휘를 영어·중국어·베트남어로 제시함으로써 읽기 시간을 줄이도록 했습니다.

이 책은 1~3부로 나누어 구성했는데 1부에서는 글쓰기의 기초라고 할 수 있는 설명하는 방법을 글 속에서 익힐 수 있도록 했습니다. 먼저 읽기 자료를 통해 다양한 설명의 방법을 익히고 알게 된 배경 지식을 바탕으로 설명하는 글을 쓸 수 있도록 구성했습니다.

2부는 논증하는 글쓰기인데 원인과 근거 제시, 문제 해결, 비판과 논쟁하기 등 논증의 기초부터 심화된 글쓰기까지 천천히 익숙해지도록 했습니다. 비판과 논쟁하기는 글쓰기 전 단계에서 토론을 통해 비판과 반론 제기 연습을 먼저 경험하도록 했습니다.

3부는 학문 목적 글쓰기인 보고서 쓰기입니다. 언어연수 과정의 최고 단계나 대학에 입학한 외국인들을 위해 보고서 쓰기의 기초라고 할 수 있는 설문 및 자료 조사에서부터 형식과 구성에 이르기까지 단계별로 제시하였습니다. 1부와 2부에서 배운 글쓰기 지식을 바탕으로 보고서 쓰기까지 자연스럽게 연결될 수 있도록 하는 것이 이 책의 최종 목표라고 할 수 있습니다.

이번 개정판을 내면서 학습자 중심의 책이 될 수 있도록 몇 가지 내용을 추가했습니다. 먼저, 각 과에 제시된 글쓰기를 한 후 '확인하기'를 통해 주요 내용과 표현을 평가하도록 했습니다. 또한 장르별 글쓰기를 하기 전에 주요 표현들을 익힐 수 있도록 첫 장에 정리했습니다. 끝으로 각 장 끝부분에 마무리하는 과제와 모범 답안을 제시함으로써 학습자들이 스스로 복습할 수 있도록 했습니다.

그동안 한국어 글쓰기는 외국인 학습자들만의 문제가 아니라 현장에서 뛰고 있는 교사들의 고민이기도 했습니다. 이 책이 글쓰기 지도 문제를 해결하는 데에 조금이나마 기여할 수 있다면 저자도 큰 보람을 느낄 것 같습니다. 아울러 외국인 학습자들이 이러한 일련의 과정을 통해 글쓰기에 대한 두려움을 없앨 수 있었으면 하는 바람입니다.

저자 윤남희 씀

일러두기 1

  본 교재는 대학 교양 글쓰기용으로 만들었는데 대학마다 강의 시간이 다르기 때문에 시간별 교수 방안을 제시하고자 합니다.

  설명의 방법을 익힐 수 있는 1~3과는 모두 하는 것이 좋습니다. 그러나 논증하는 글쓰기는 각 형식마다 두 개씩 제시했기 때문에 하나씩만 해도 무방합니다. 특히 비판과 논쟁형은 팀을 나누어서 실제로 토론하고 글쓰기까지 연결할 수 있도록 지도하십시오. 학습자들은 일련의 과정을 통해 비판력을 기를 수 있을 뿐만 아니라 즐겁게 글쓰기를 할 수 있을 것입니다. 기말고사 대체로 설문 조사형 보고서 쓰기를 팀 프로젝트로 제시하는 것도 좋습니다.

  설명하는 글쓰기, 논증하는 글쓰기 연습은 과제로 제시하고 피드백을 해 주시면 됩니다.

〈2시간 수업〉

과제	읽기1 ▶ 읽기2 ▶ 어휘 ▶ 자료 모으기	예습
쓰기 전 단계	학습목표 제시 ▶ 쓰기 형식 제시 ▶ 주제 관련 이야기 (그림 보면서 동기 유발)	수업
쓰기 단계	문장으로 완성하기 ▶ 개요 짜기 ▶ 글쓰기	
쓰기 후 단계	피드백	

〈3시간 수업〉

과제	읽기1 ▶ 읽기2 ▶ 어휘	예습
쓰기 전 단계	학습목표 제시 ▶ 쓰기 형식 제시 ▶ 주제 관련 이야기 (그림 보면서 동기 유발) ▶ 읽기2 확인	수업
쓰기 단계	자료 모으기 ▶ 문장으로 완성하기 ▶ 개요 짜기 ▶ 글쓰기	
쓰기 후 단계	피드백	

일러두기 2

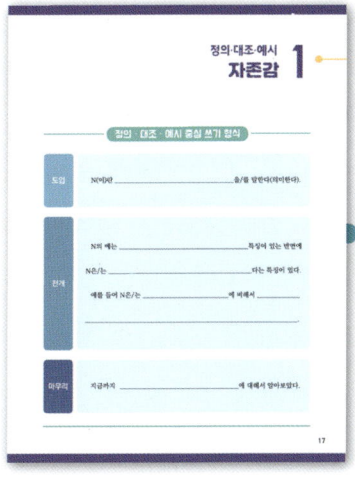

글의 형식

- 어떤 글의 형식을 배울 것인지 제시한다. 이때 핵심 내용에 대해서 간단하게 설명한다.

학습목표 및 동기 유발

- 학습목표를 제시한다.
- 동기 유발의 단계로 삽화, 사진 등을 제시한다.
- 읽기1 전 단계로 읽을 내용을 예측할 수 있는 질문을 한다.

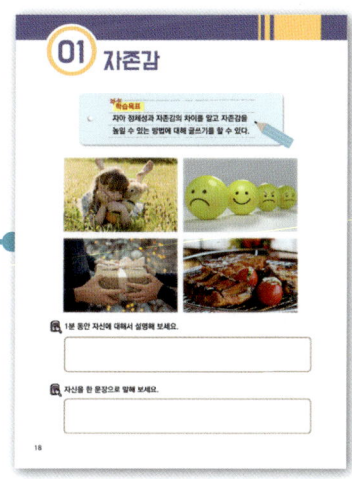

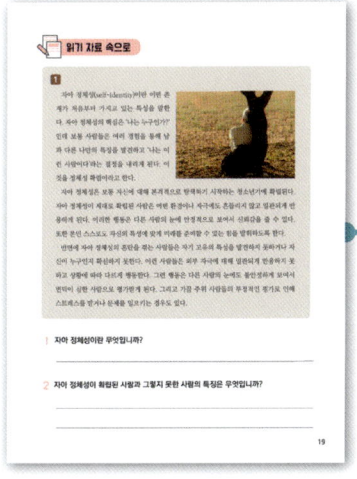

읽기1

- 읽기1 단계는 심화 읽기(읽기2) 전에 주제에 대한 포괄적인 이해를 돕도록 한다.
- 읽은 내용에 대한 확인 문제를 함께 제시하고 주제에 대해 생각해 볼 시간을 갖는다.

읽기2

- 쓰기 전 단계로서 쓰기를 위한 형식을 익히고 배경지식을 쌓는 단계이다. 먼저 전체적인 내용을 읽고 이해하고 두 번째 읽으면서 앞에서 배운 형식에 유의하면서 읽도록 한다.
- 읽은 내용에 대한 확인 및 추측과 추론을 하는 단계이다. 읽기 자료를 통해 얻은 배경지식을 체계적으로 정리하도록 한다.

쓰기 1단계

- 읽기 후 첫 단계로 쓰기 과제를 제시하고 해당 과제에 대해 마인드맵을 한다.

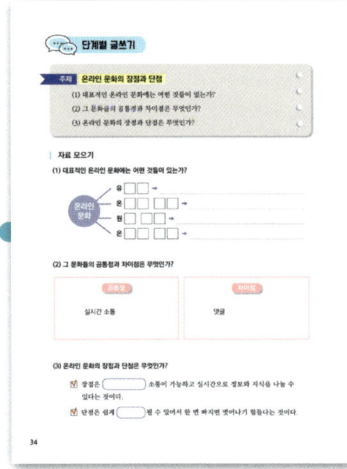

쓰기 2단계

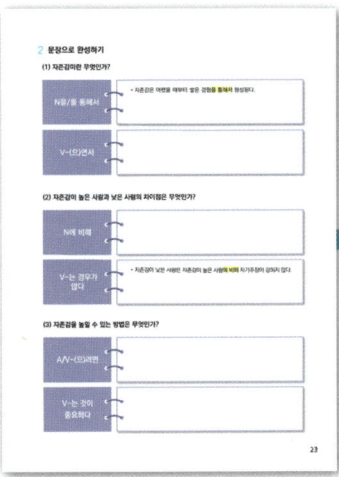

- 쓰기 두 번째 단계로 1단계에서 마인드맵한 어휘를 문장으로 완성하도록 한다.
- 주어진 과제를 목표 문법을 활용해서 문장으로 쓰도록 한다.
- 목표 문법 활용은 교재 마지막에 제시된 예문을 통해 익히도록 한다.

쓰기 3단계

- 처음에 제시된 형식과 읽기 텍스트와 유사한 종류의 글쓰기 활동이 이루어지도록 한다.

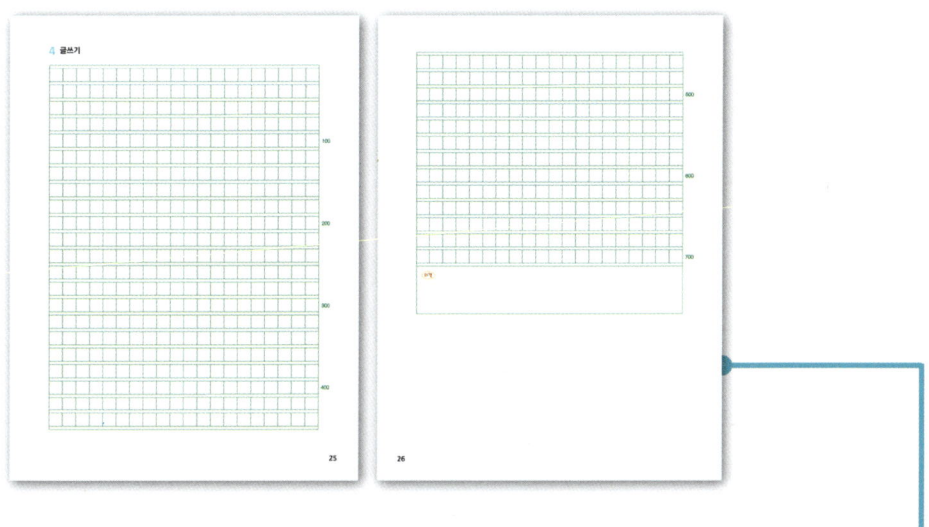

쓰기 4단계

- 개요 짜기를 원고지에 옮기는 단계이다.

쓰기 5단계

- 피드백 후 다시 쓰기를 하도록 한다.

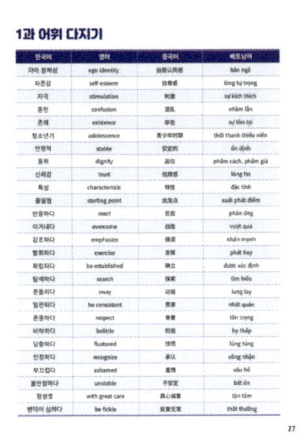

어휘 다지기

- 읽기 텍스트의 목표 어휘를 영어·중국어·베트남어로 제시해서 읽기 시간을 줄이도록 한다.

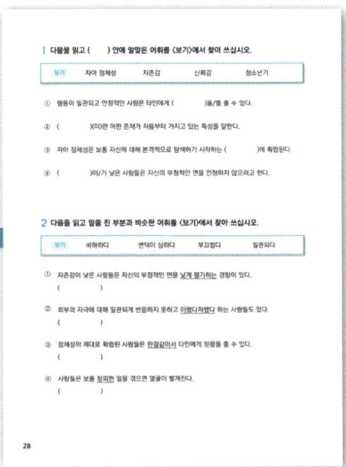

어휘 확인

- 문장을 통해서 주요 어휘를 확인하고 쓰기 시간에 활용할 수 있게 한다.

쓰기 연습

- 다양한 쓰기 형식을 익힌 후 주어진 과제를 바탕으로 스스로 개요를 짜고 글을 쓰는 단계이다. 1부 설명하는 글쓰기와 2부 논증하는 글쓰기 연습을 제시한다.

문장 표현

- 별도로 문형 표현 연습을 하지 않기 때문에 제시된 문장을 쓰기에 활용하도록 한다.

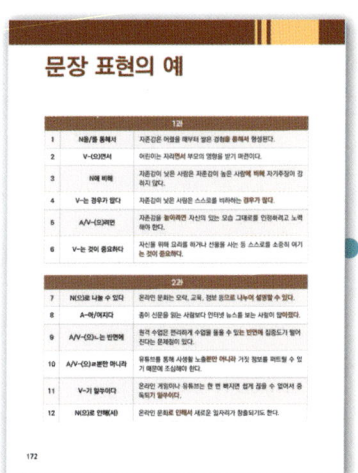

설명하는 방법은 여러 가지가 있다. 먼저 사물이나 어휘의 뜻을 정확하게 설명하는 정의가 있다. 또한 두 대상의 비슷한 점을 중심으로 보는 비교가 있다면 두 대상의 다른 점을 중심으로 보는 대조가 있다.

어떤 내용을 설명할 때는 자세한 예를 들어주면 이해하기 쉬운데 그것을 예시라고 한다. 그리고 분류는 여러 가지를 설명할 때 정해진 기준에 따라 나누는 것이다. 분류할 때는 주로 대등한 것끼리 연결하는데 이것을 나열이라고 한다.

설명하는 방법은 모든 글쓰기의 기초이며 시작이라고 할 수 있다. 그러므로 제1부에서는 글 속에서 자연스럽게 설명의 방법을 익히도록 할 것이다.

설명의 방법과 표현

정의	N(이)란 ~N이다, N(이)란~~(으)ㄴ는 것을 일컫는다
대조	~(으)ㄴ는 반면에, 이와 달리, ~(으)ㄴ는 데에 반해, 반대로, N와/과 다르게
예시	예를 들어, 예컨대, 일례로, 실례로
나열	첫째 둘째 셋째, 우선 다음으로 끝으로, 게다가, N뿐만 아니라, ~(으)며, ~(으)ㄹ 뿐만 아니라, ~(으)ㄴ데다가, ~거니와
비교	N은/는 N와/과 ~~~(으)ㄴ는다는 공통점이 있다
분류	N은/은 크게 , , , 등으로 나눌 수 있다

제1부

설명하는 글쓰기

- 자존감
- 온라인 문화
- 대체 에너지

정의·대조·예시
자존감 1

정의 · 대조 · 예시 중심 쓰기 형식

도입

N(이)란 _____을/를 말한다(의미한다).

전개

N의 예는 _____특징이 있는 반면에

N은/는 _____다는 특징이 있다.

예를 들어 N은/는 _____에 비해서 _____

_____.

마무리

지금까지 _____에 대해서 알아보았다.

01 자존감

학습목표
자아 정체성과 자존감의 차이를 알고 자존감을 높일 수 있는 방법에 대해 글쓰기를 할 수 있다.

🔍 1분 동안 자신에 대해서 설명해 보세요.

🔍 자신을 한 문장으로 말해 보세요.

읽기 자료 속으로

1

자아 정체성(self-identity)이란 어떤 존재가 처음부터 가지고 있는 특성을 말한다. 자아 정체성의 핵심은 '나는 누구인가?'인데 보통 사람들은 여러 경험을 통해 남과 다른 나만의 특징을 발견하고 '나는 이런 사람이다'라는 결정을 내리게 된다. 이것을 정체성 확립이라고 한다.

자아 정체성은 보통 자신에 대해 본격적으로 탐색하기 시작하는 청소년기에 확립된다. 자아 정체성이 제대로 확립된 사람은 어떤 환경이나 자극에도 흔들리지 않고 일관되게 반응하게 된다. 이러한 행동은 다른 사람의 눈에 안정적으로 보여서 신뢰감을 줄 수 있다. 또한 본인 스스로도 자신의 특성에 맞게 미래를 준비할 수 있는 힘을 발휘하도록 한다.

반면에 자아 정체성의 혼란을 겪는 사람들은 자기 고유의 특성을 발견하지 못하거나 자신이 누구인지 확신하지 못한다. 이런 사람들은 외부 자극에 대해 일관되게 반응하지 못하고 상황에 따라 다르게 행동한다. 그런 행동은 다른 사람의 눈에도 불안정하게 보여서 변덕이 심한 사람으로 평가받게 된다. 그리고 가끔 주위 사람들의 부정적인 평가로 인해 스트레스를 받거나 문제를 일으키는 경우도 있다.

1 자아 정체성이란 무엇입니까?

_____

2 자아 정체성이 확립된 사람과 그렇지 못한 사람의 특징은 무엇입니까?

_____

_____

2. 생활 속 자존감 높이기

자존감은 스스로 품위를 지키고 자기를 존중하는 마음을 일컫는다. 즉, 자아 정체성 확립으로 발견한 '나'라는 존재를 있는 그대로 인정하고 존중하고 사랑하는 마음이 바로 자존감이라고 할 수 있다.

그런데 자아 정체성이 확립되었다고 해서 자존감도 높아지는 것은 아니다. 정체성이 확립된 후 자신의 있는 모습 그대로를 인정하고 사랑하는 사람이 있는 데에 반해 자신이 발견한 모습 중에서 부정적인 것들은 인정하지 않거나 비하하는 사람도 있기 때문이다. 이렇게 두 가지 경우가 생기는 이유는 다른 사람들과의 교류 방법이나 경험, 그리고 자라난 환경 차이 때문이라고 할 수 있다.

화목한 가정, 신뢰와 사랑을 바탕으로 한 인간관계, 풍부한 경험 등을 하면서 자라난 사람들은 사람마다 갖고 있는 다양성을 인정하고 자신도 그 중의 하나라는 것을 쉽게 받아들이게 된다. 반면에 그렇지 못한 사람들은 새롭게 발견한 '나라는 사람'이 다양한 종류의 사람들 중 하나라고 생각하기 쉽지 않다. 특히 타인에 비해 부정적으로 인식되는 것들은 인정하기 싫어하는 경향도 있다.

자존감이 높은 사람들은 어떤 일을 할 때 상황이나 다른 사람의 평가에 크게 영향을 받지 않는다. 예를 들어, 좋지 않은 환경에 처하거나 다른 사람으로부터 부정적인 평가를 듣게 되더라도 자신을 믿고 존중하는 힘이 강하기 때문에 이겨내고 더 발전하게 된다. 반면에 자존감이 낮은 사람은 주변의 말이나 상황에 흔들리기 쉽고 스스로에게 상처를 주기도 한다.

그러므로 전문가들은 자신의 특성을 그대로 받아들이고 존중하는 마음을 가지려는 노력이 필요하다고 강조한다. 일례로 당황하거나 부끄러운 일을 겪으면 얼굴이 빨개지는 사람이 있는데 보통 사람들은 '나는 부끄러우면 얼굴이 빨개지는 단점이 있어.'라고 생각한다. 그러나 '나는 상황에 따라서 얼굴이 붉어져.'라고 말한다면 자신을 있는 모습 그대로 인정하는 것이 된다. 또한 자신을 위해 정성껏 요리를 하거나 선물을 사는 것도 좋은 방법이다. 이런 행동은 스스로를 인정하고 존중하는 출발점이 될 수 있다.

내용 이해하기

1 자존감이란 무엇입니까?

_____
_____
_____
_____

2 자존감 형성에 영향을 주는 것은 무엇입니까?

_____
_____
_____
_____

3 자존감이 높은 사람과 낮은 사람은 어떻게 다릅니까?

자존감이 높은 사람	자존감이 낮은 사람

 **단계별 글쓰기**

> **주제** 자존감을 높이는 방법
> (1) 자존감이란 무엇인가?
> (2) 자존감이 높은 사람과 낮은 사람의 차이점은 무엇인가?
> (3) 자존감을 높일 수 있는 방법은 무엇인가?

1 자료 모으기

(1) 자존감이란 무엇인가?

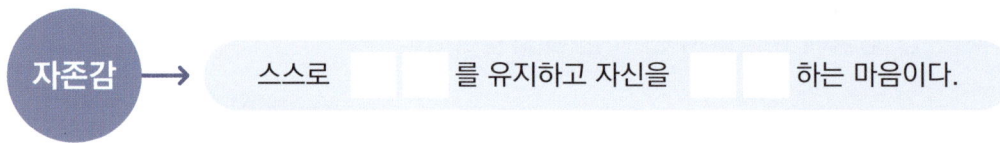

자존감 → 스스로 [　　　]를 유지하고 자신을 [　　　]하는 마음이다.

(2) 자존감이 높은 사람과 낮은 사람의 차이점은 무엇인가?

높은 사람	낮은 사람
믿다	자기 비하

(3) 자존감을 높일 수 있는 방법은 무엇인가?

☑ 자신의 [　　　]을/를 그대로 받아들이고 [　　　] 마음을 가지려는 노력이 필요하다.

☑ 자신을 위해 정성껏 [　　　]하거나 [　　　]을/를 사는 것도 좋은 방법이다.

2 문장으로 완성하기

(1) 자존감이란 무엇인가?

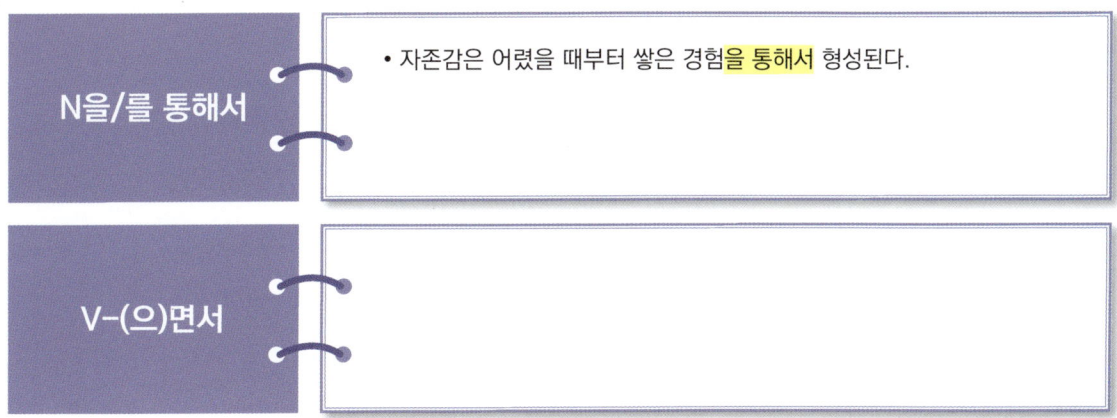

N을/를 통해서
- 자존감은 어렸을 때부터 쌓은 경험을 통해서 형성된다.

V-(으)면서

(2) 자존감이 높은 사람과 낮은 사람의 차이점은 무엇인가?

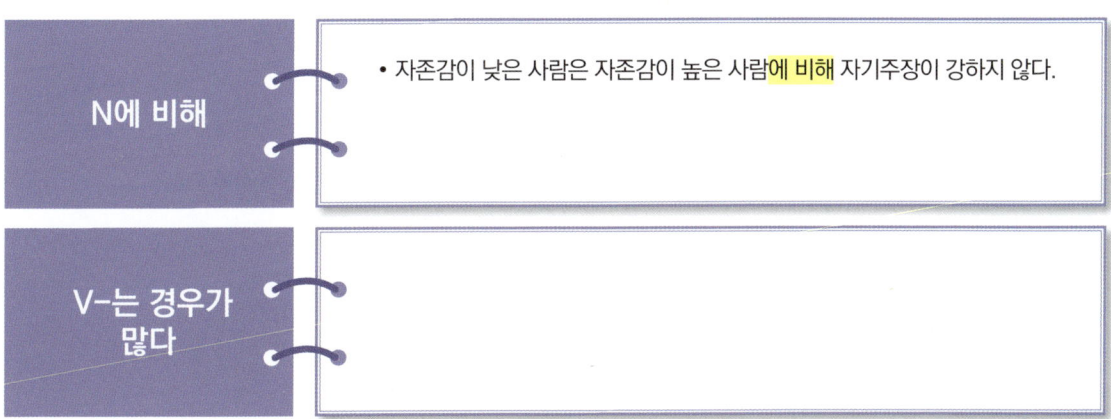

N에 비해
- 자존감이 낮은 사람은 자존감이 높은 사람에 비해 자기주장이 강하지 않다.

V-는 경우가 많다

(3) 자존감을 높일 수 있는 방법은 무엇인가?

A/V-(으)려면

V-는 것이 중요하다

3 개요 짜기

도입

자존감이란 _____ 을/를 말한다(의미한다).

이 글을 통해서 _____ 에 대해서 알아보겠다.

전개

먼저 자존감이 높은 사람은 _____

특징이 있는 반면에 자존감이 낮은 사람은 _____

_____

_____ 다는 특징이 있다.

예를 들어 자존감이 높은 사람은 자존감이 낮은 사람에 비해서 _____

_____.

그러므로 자존감을 높이기 위해서 노력해야 한다. 먼저 _____

_____.

다음으로 _____.

마무리

지금까지 자존감에 대해서 알아보았다. 자존감을 높일 수 있는 방법은 생각보다 쉽고 생활 속에서 충분이 찾을 수 있다는 것을 알 수 있다.

4 글쓰기

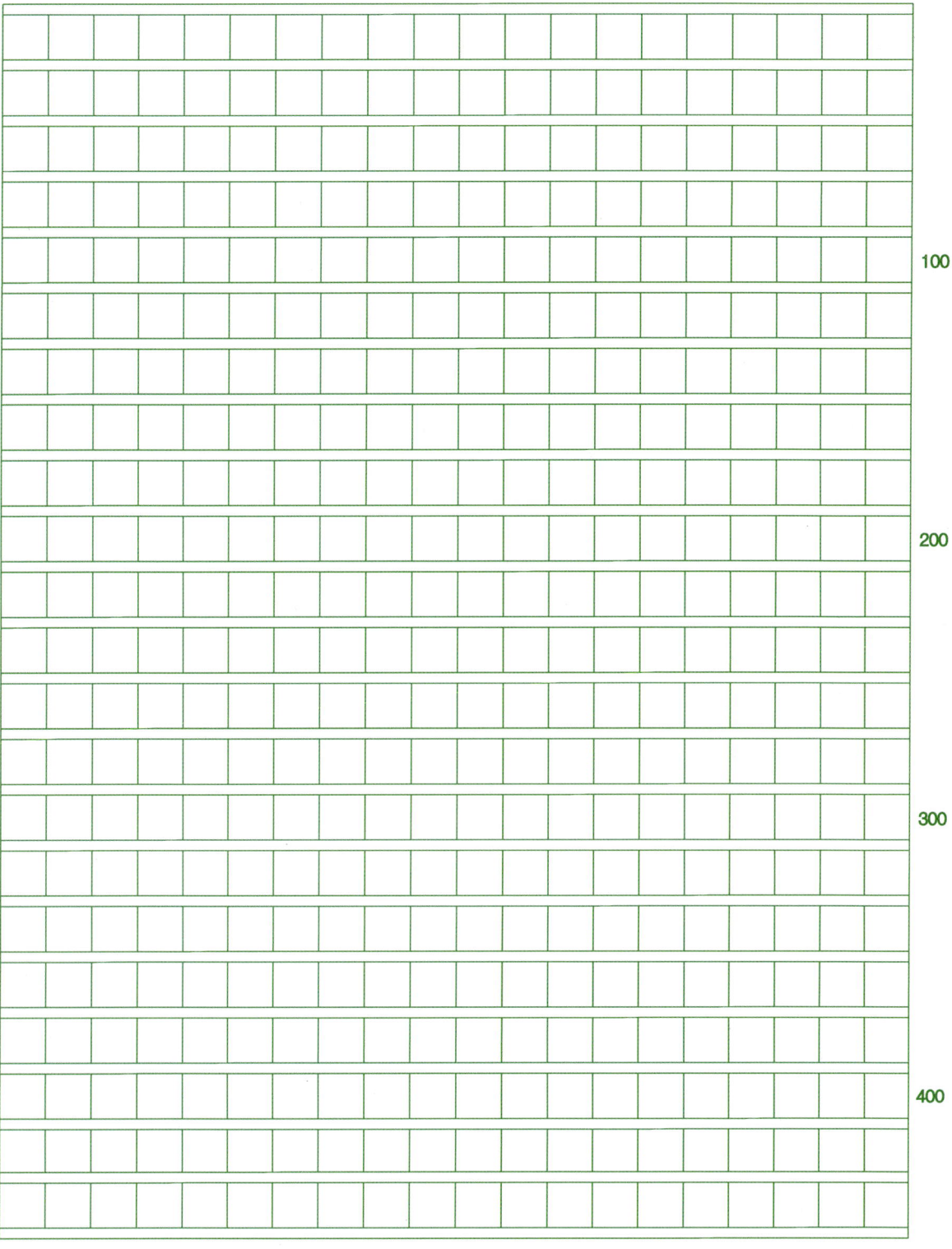

500

600

700

의견

확인하기

과제를 모두 썼습니까?	자존감이란?, 자존감이 높은 사람과 낮은 사람의 차이, 자존감을 높이는 법	☐
과제 연결이 자연스럽습니까?	과제1과 과제2(자존감이 높은 사람과 낮은 사람의 차이는 다음과 같다), 과제2와 과제3(일상생활에서 자존감을 높이기 위한 방법은 여러 가지가 있다)	☐
설명의 방법을 잘 사용했습니까?	정의(N이란~이다), 대조(반면에), 예시(예컨대)	☐
내용을 풍부하게 썼습니까?	중심 문장(1개) + 뒷받침 문장(2개 이상)	☐
분량이 적절합니까?	고급 글이 되려면 500자 이상이 되어야 함.	☐

1과 어휘 다지기

한국어	영어	중국어	베트남어
자아 정체성	ego identity	自我认同感	bản ngã
자존감	self-esteem	自尊感	lòng tự trọng
자극	stimulation	刺激	sự kích thích
혼란	confusion	混乱	nhầm lẫn
존재	existence	存在	sự tồn tại
청소년기	adolescence	青少年时期	thời thanh thiếu niên
안정적	stable	安定的	ổn định
품위	dignity	品位	phẩm cách, phẩm giá
신뢰감	trust	信赖感	lòng tin
특성	characteristic	特性	đặc tính
출발점	starting point	出发点	xuất phát điểm
반응하다	react	反应	phản ứng
이겨내다	overcome	战胜	vượt qua
강조하다	emphasize	强调	nhấn mạnh
발휘하다	exercise	发挥	phát huy
확립되다	be established	确立	được xác định
탐색하다	search	探索	tìm hiểu
흔들리다	sway	动摇	lung lay
일관되다	be consistent	贯穿	nhất quán
존중하다	respect	尊重	tôn trọng
비하하다	belittle	贬低	hạ thấp
당황하다	flustered	惊慌	lúng túng
인정하다	recognize	承认	công nhận
부끄럽다	ashamed	羞愧	xấu hổ
불안정하다	unstable	不安定	bất ổn
정성껏	with great care	真心诚意	tận tâm
변덕이 심하다	be fickle	反复无常	thất thường

1 다음을 읽고 ( ) 안에 알맞은 어휘를 <보기>에서 찾아 쓰십시오.

| 보기 | 자아 정체성 | 자존감 | 신뢰감 | 청소년기 |

① 행동이 일관되고 안정적인 사람은 타인에게 (　　　)을/를 줄 수 있다.

② (　　　)(이)란 어떤 존재가 처음부터 가지고 있는 특성을 말한다.

③ 자아 정체성은 보통 자신에 대해 본격적으로 탐색하기 시작하는 (　　　)에 확립된다.

④ (　　　)이/가 낮은 사람들은 자신의 부정적인 면을 인정하지 않으려고 한다.

2 다음을 읽고 밑줄 친 부분과 비슷한 어휘를 <보기>에서 찾아 쓰십시오.

| 보기 | 비하하다 | 변덕이 심하다 | 부끄럽다 | 일관되다 |

① 자존감이 낮은 사람들은 자신의 부정적인 면을 낮게 평가하는 경향이 있다.
　　(　　　　　)

② 외부의 자극에 대해 일관되게 반응하지 못하고 이랬다저랬다 하는 사람들도 있다.
　　(　　　　　)

③ 정체성이 제대로 확립된 사람들은 한결같아서 타인에게 믿음을 줄 수 있다.
　　(　　　　　)

④ 사람들은 보통 창피한 일을 겪으면 얼굴이 빨개진다.
　　(　　　　　)

나열·비교·분류형
온라인 문화 2

나열 · 비교 · 분류 중심 쓰기 형식

도입

N은/는 _____ 등을 들 수 있다.

N은/는 다시 _____ (으)로 나눌 수 있다.

전개

먼저 N 와/과 N은/는 _____

_____ 다는 점에서 공통점이 있다.

반면에 N은/는 _____ 데에 비해 N은/는 _____

_____ 다는 차이점이 있다.

마무리

이처럼 N은/는 다양하게 나눌 수 있고 각각의 장·단점이 있다.

02 온라인 문화

> **학습목표**
> 온라인 문화의 특징과 장·단점을 알고 그에 대한 글쓰기를 할 수 있다.

🔍 '온라인'하면 떠오르는 어휘를 말해 보세요.

🔍 온라인을 통해 가장 많이 하는 것은 무엇인가요?

읽기 자료 속으로

1

인간은 자연 상태에서 벗어나 더 풍요롭고 편리하고 아름다운 삶을 추구한다. 이 과정에서 사회가 구성되고 새로운 행동 양식을 만들어 낸다. 그리고 그것을 습득하고 다른 사람들과 함께 공유하며 후세대에 전달하는데 이것을 문화라고 한다.

문화는 사회적 현상이나 급격한 환경 변화로 인해 자연스럽게 바뀌거나 생기기도 한다. 예컨대, COVID-19의 전 세계적인 유행으로 마스크를 쓰거나 비대면 활동이 확산되는 현상을 볼 수 있다. 또한 환경 오염이 심각해지면서 장바구니 들고 다니기, 일회용품 사용 줄이기 등과 같은 문화가 정착되고 있는 것도 그 예라고 할 수 있다.

문화는 경제적 가치를 높이고 일자리를 창출하기도 한다. 공연·예술 문화가 활발해지면 관련 업계에 종사하는 사람들이 활력을 얻게 되고 관련 산업도 발전해서 새로운 일자리가 만들어진다. 이제 현대 대중문화를 선도하고 있는 인터넷은 새로운 문화를 창조하고 발전시키는 중요한 수단이 되고 있다.

1 문화는 어떻게 만들어집니까?

_____

_____

2 현대 대중문화를 선도하고 있는 것은 무엇입니까?

_____

_____

2 온라인 문화의 특징과 장·단점

　인터넷과 모바일 기기가 발달하면서 우리의 생활 모습도 크게 달라졌다. 스마트폰이 손에서 떠나지 않게 되었고 개인 유튜버들의 등장으로 TV나 신문보다 유튜브를 보는 사람들이 훨씬 많아졌다. 온라인 문화의 대표적인 예로 유튜브, 온라인 게임, 원격 수업 및 온라인 뉴스 등을 들 수 있다. 이것들은 다시 오락, 교육, 정보 등으로 나눌 수 있는데 온라인 문화는 다음과 같은 특징과 장·단점이 있다.

　먼저 주로 오락에 속하는 유튜브와 온라인 게임은 쌍방향 소통이 가능하고 재미와 흥미를 준다는 점에서 공통점이 있다. 반면에 유튜브는 오락뿐만 아니라 생활에 필요한 다양한 정보를 제공하고 누구나 손쉽게 콘텐츠(contents)를 만들 수 있는 데에 비해 온라인 게임은 게임 회사에서 제작해서 배포하는 형식을 취한다는 차이점이 있다.

　유튜브는 콘텐츠를 만드는 데 분량 제한이 없고 무슨 내용이든지 자유롭게 표현할 수 있다는 특징이 있다. 이와 달리 게임은 정해진 프로그램의 취지와 분량에 맞춰서 편집해야 한다. 또한 유튜브는 사생활 노출이나 거짓 정보로 인해 피해를 볼 수 있고, 온라인 게임은 쉽게 중독될 수 있는데 특히 가상과 현실을 구분 못하는 리셋 증후군(Reset Syndrome)으로 인해 여러 범죄가 일어나기도 한다.

　다음으로 교육과 정보의 대표적인 예는 원격 수업과 인터넷 뉴스를 들 수 있다. 이 둘은 실시간으로 정보를 주고받거나 유익한 내용을 공유할 수 있다는 점에서 비슷하다. 그러나 원격 수업은 실시간으로 교사와 학생들의 상호 작용이 이루어지는 데에 반해 인터넷 뉴스는 실시간으로 올리는 글에 대해 댓글로 소통한다는 점에서 차이가 있다. 원격 수업은 교육의 질이 떨어지거나 학생들의 집중력을 떨어트릴 수 있고 인터넷 뉴스는 가짜 뉴스로 인해 피해를 보는 사람들이 발생할 수 있다는 단점이 있다.

　이처럼 온라인 문화는 다양하고 각기 다른 특징이 있지만 장·단점이 있기 때문에 올바르게 수용하는 자세가 필요하다.

 **내용 이해하기**

1 온라인 문화의 대표적인 예는 무엇이 있습니까?

2 온라인 문화들의 공통점과 차이점은 무엇입니까?

- 유튜브와 온라인 게임:

- 원격 수업과 인터넷 뉴스:

3 온라인 문화의 장·단점은 무엇입니까?

장점	단점

 **단계별 글쓰기**

| 주제 | **온라인 문화의 장점과 단점** |

(1) 대표적인 온라인 문화에는 어떤 것들이 있는가?
(2) 그 문화들의 공통점과 차이점은 무엇인가?
(3) 온라인 문화의 장점과 단점은 무엇인가?

1 자료 모으기

(1) 대표적인 온라인 문화에는 어떤 것들이 있는가?

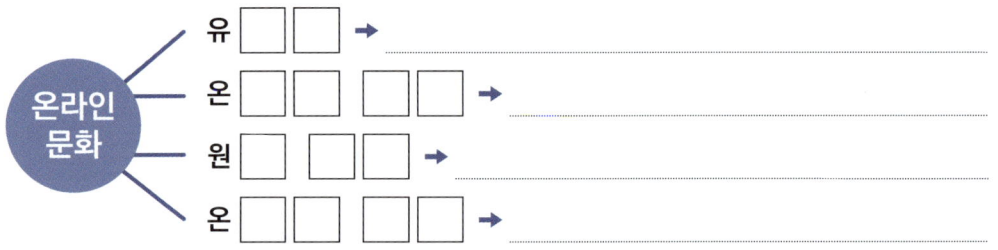

(2) 그 문화들의 공통점과 차이점은 무엇인가?

공통점	차이점
실시간 소통	댓글

(3) 온라인 문화의 장점과 단점은 무엇인가?

2 문장으로 완성하기

(1) 대표적인 온라인 문화에는 어떤 것들이 있는가?

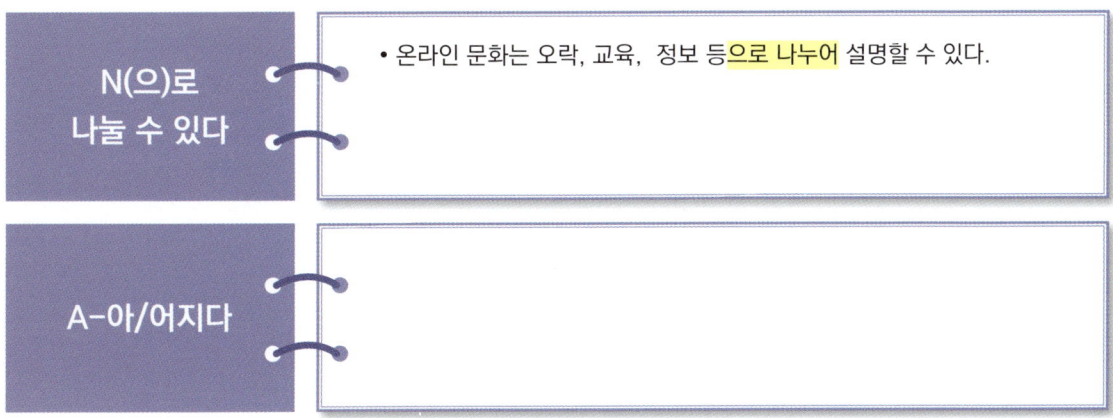

- 온라인 문화는 오락, 교육, 정보 등으로 나누어 설명할 수 있다.

(2) 그 문화들의 공통점과 차이점은 무엇인가?

(3) 온라인 문화의 장점과 단점은 무인가?

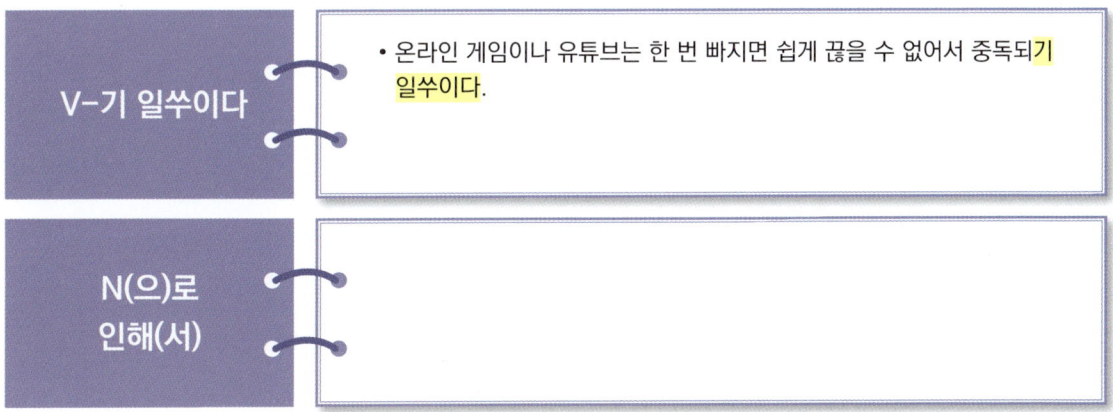

- 온라인 게임이나 유튜브는 한 번 빠지면 쉽게 끊을 수 없어서 중독되기 일쑤이다.

3 개요 짜기

도입

　　온라인 문화는 _____

등을 들 수 있다. N은/는 다시 _____

(으)로 나눌 수 있고 있는데 다음과 같은 장·단점이 있다.

전개

　　먼저 유튜브와 온라인 게임은 _____

다는 점에서 공통점이 있다. 반면에 유튜브는 _____ 데에

비해 온라인 게임은 _____ 다는 차이점이 있다.

　　다음으로 원격 수업과 인터넷 뉴스는 _____ 다는 점에서

비슷하다. 이와 달리 원격 수업은 _____ 데에 비해

_____ 인터넷 뉴스는 _____ 다는 다른 점이 있다.

　　이러한 온라인 문화는 장·단점이 있는데 _____

다는 장점이 있는 반면에 _____

_____ 단점이 있다.

마무리

　　이처럼 온라인 문화는 다양하게 나눌 수 있고 각각의 장·단점이 있기

때문에 올바르게 수용하는 자세가 필요하다.

4 글쓰기

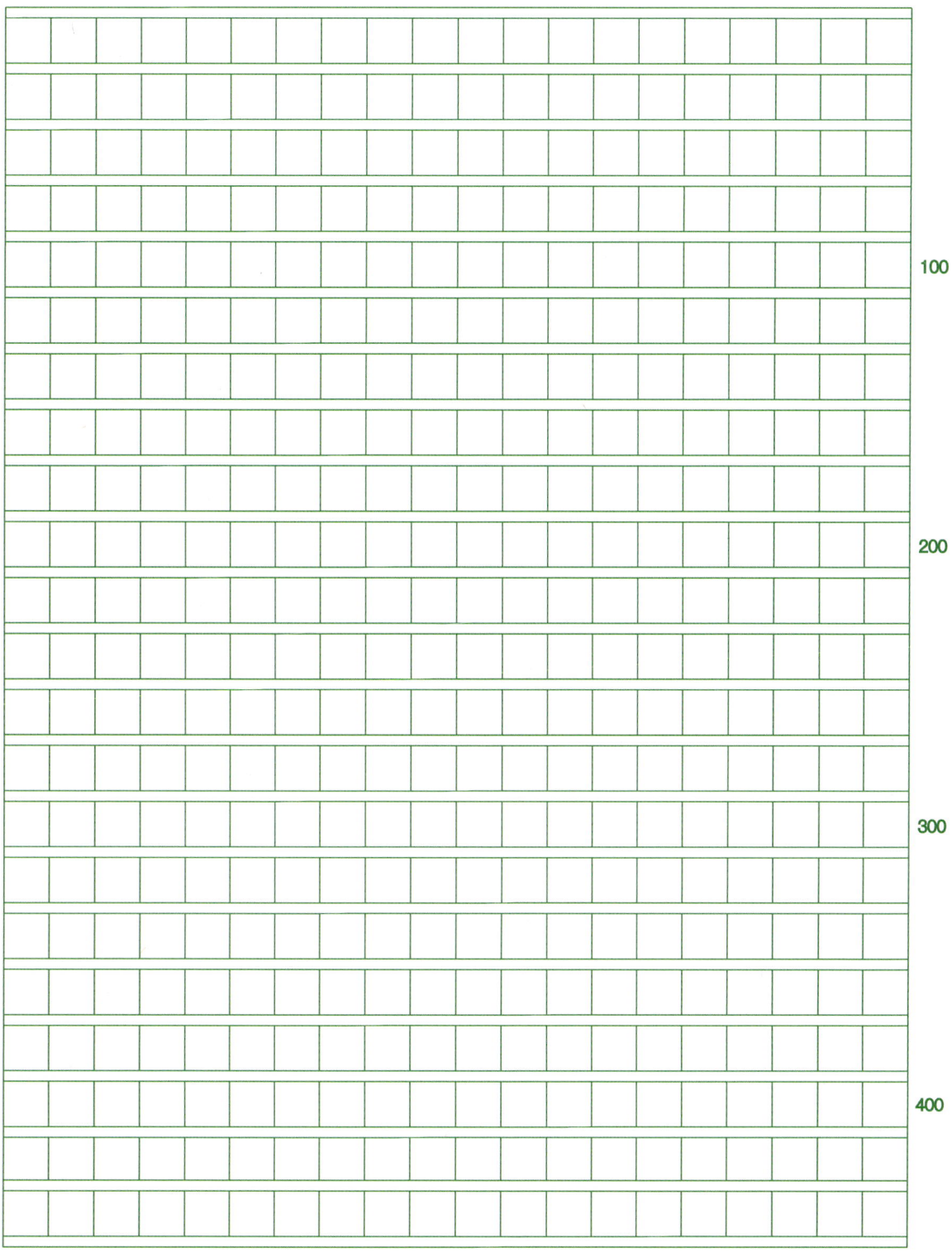

500

600

700

의견

확인하기

과제를 모두 썼습니까?	온라인 문화의 종류, 공통점과 차이점, 장·단점	☐
과제 연결이 자연스럽습니까?	과제1과 과제2(온라인 문화는 공통점과 차이점이 있다), 과제2와 과제3(이러한 문화는 장점과 단점이 있는데~)	☐
설명의 방법을 잘 사용했습니까?	나열(, , , 등이 있다), 비교(~다는 공통점이 있다), 분류(, , , 등으로 나눌 수 있다)	☐
내용을 풍부하게 썼습니까?	중심 문장(1개) + 뒷받침 문장(2개 이상)	☐
분량이 적절합니까?	고급 글이 되려면 500자 이상이 되어야 함.	☐

2과 어휘 다지기

한국어	영어	중국어	베트남어
자연적	natural	自然的	tự nhiên
사회 구성원	member of society	社会成员	thành viên trong xã hội
행동 양식	behavior pattern.	行为方式	phương thức hành vi
비대면 활동	non-face-to-face activity	非面对面活动	hoạt động gián tiếp
주도적	leading	主导的	tính chủ đạo
오락	entertainment	娛樂	giải trí
콘텐츠	contents	(书、讲话、节目等的) 主题，主要内容	nội dung
공통점	a common feature	相同点	điểm chung
댓글	comment	(网络)评论，跟帖	bình luận
시민 단체	civic group	市民团体	tổ chức dân sự
대중문화	pop(ular) culture	大众文化	văn hóa đại chúng
활력	vitality	活力	sức sống
쌍방향 소통	two-way communication	双向沟通	sự giao tiếp hai chiều
원격 수업	remote learning	远程教学	lớp học từ xa
리셋 증후군	Reset Syndrome	幻想症	hội chứng reset
상호 작용	interaction	相互作用	sự tương tác
창출하다	create	创造出	tạo ra
선도하다	lead	引领	dẫn đầu
배포하다	distribute	发行	phân phát
벗어나다	come out of	脱离	ra khỏi
추구하다	seek	追求	mưu cầu
창조하다	create	创造	sáng tạo
공유하다	share	共享	chia sẻ
비판하다	criticize	批判	phê phán
제작하다	produce	制作	sản xuất
확산되다	spread	扩散	được mở rộng
풍요롭다	rich	丰饶	phong phú

1 다음을 읽고 (　　) 안에 알맞은 어휘를 〈보기〉에서 찾아 쓰십시오.

| 보기 | 문화 | 쌍방향 소통 | 원격 수업 | 콘텐츠 |

① 인간은 자신들이 추구하는 삶을 다른 사람들과 공유하면서 후세대에 전달하는데 이것을 (　　　　)(이)라고 한다.

② 온라인 (　　　　)의 대표적인 예는 온라인 게임과 유튜브를 들 수 있다.

③ 유튜브는 실시간으로 (　　　　)이/가 가능하다는 특징이 있다.

④ (　　　　)은/는 학교에 가지 않고 온라인을 이용해 수업하는 것을 일컫는다.

2 다음을 읽고 밑줄 친 부분과 비슷한 어휘를 〈보기〉에서 찾아 쓰십시오.

| 보기 | 풍요롭다 | 선도하다 | 제작하다 | 확산되다 |

① 인간은 더 넉넉하고 편리하고 아름다운 것을 추구하며 살아가기 마련이다.
(　　　　)

② COVID-19로 인해 비대면 활동이 확대되고 있다.
(　　　　)

③ 대중문화를 이끌고 있는 인터넷은 새로운 문화를 발전시키는 중요한 수단이다.
(　　　　)

④ 온라인 게임은 대부분 게임 회사에서 만들어서 배포하는 형식을 취한다.
(　　　　)

통합형 3
대체 에너지

정의·나열·예시·비교·대조·분류 중심 쓰기 형식

도입

N(이)란 _____을/를 가리킨다.

전개

N은/는 _____

_____(으)로 나눌 수 있는데 공통점도 있고

차이점도 있다. 예를 들어 N와/과 N은/는 _____

_____다는 공통점이 있다. 그런데 N은/는 _____

_____데에 비해

_____다는 단점이 있다.

마무리

이처럼 _____.

03 대체 에너지

학습목표
기후 변화의 심각성과 대체 에너지의 필요성에 대해 이해하고 관련 글쓰기를 할 수 있다.

🔍 북극의 빙하가 모두 녹는다면 어떤 일이 벌어질까요?

🔍 지구가 계속 뜨거워지면 어떤 일이 생길까요?

읽기 자료 속으로

1

최근 기후 변화로 인해 홍수, 가뭄 등 인간과 동물의 생명을 위협하는 여러 가지 문제가 발생하고 있다. 이러한 문제를 일으키는 주요 물질을 온실가스라고 하는데 온실가스는 지구 온난화를 유발한다.

온실가스의 대표적인 예는 석유나 석탄 같은 화석 연료가 타면서 배출되는 이산화 탄소를 들 수 있다. 예컨대, 자동차에서 배출되는 배기가스, 공장의 매연, 화석 연료를 사용하는 발전소의 연기에는 이산화 탄소가 다량 포함되어 있다.

온실가스는 지구에서 발생하는 에너지를 흡수해 공기층 밖으로 빠져나가지 못하도록 막는다. 그 에너지는 지구에 계속 남아 온도를 높이는데 이것을 '지구 온난화' 현상이라고 한다. 따라서 온실가스가 많아질수록 지구 온난화도 심해진다.

지구 온난화 현상으로 북극의 빙하가 녹거나 갑자기 증가한 수증기로 인해 홍수가 나는 등 각종 자연재해가 일어난다. 가장 심각한 문제는 해수면이 높아지는 것이다. 연구에 의하면 앞으로 계속 빙하가 녹아내린다면 100년 후에는 해수면의 높이가 23cm나 상승할 것이라고 한다. 결국 지대가 낮은 해안가는 모두 물에 잠기게 되어 수많은 사람들이 피해를 볼 것이다.

1 지구 온난화를 일으키는 주요 물질은 무엇입니까?

2 지구 온난화 현상 때문에 일어나는 일은 무엇입니까?

2 화석 연료를 대체하는 에너지

지구 온난화의 주요 원인이 되고 있는 온실가스를 줄이기 위해서는 이산화 탄소를 배출하는 화석 연료 사용을 줄여야 한다. 세계 여러 나라들은 2015년 프랑스 파리에서 '파리 기후 변화 협약'을 맺고 이산화 탄소 사용을 감소하는 정책을 시행하고 있다. 또한 현재 전 세계는 오랫동안 사용해 오던 화석 연료를 대체할 수 있는 에너지 개발에 투자를 아끼지 않는다.

각국이 대체 에너지 개발에 힘쓰는 또 다른 이유는 다가올 화석 연료 고갈을 대비하기 위해서이다. 석유나 석탄의 양은 한정되어 있기 때문에 머지않아 모두 사라질 것이다. 그래서 지속적으로 사용할 수 있으면서도 온실가스가 배출되지 않는 친환경 에너지 개발을 위해 힘쓰고 있는 것이다.

화석 연료를 대체할 수 있는 에너지를 신재생 에너지라고 하는데 이는 신에너지와 재생 에너지로 나눌 수 있다. 신에너지와 재생 에너지는 모두 친환경 에너지라는 공통점이 있다. 신에너지란 새로운 에너지를 일컫는데 대표적인 예로 수소가 있다. 수소는 연소 과정에서 물 이외에는 아무 것도 배출되지 않기 때문에 친환경 에너지로 각광 받고 있는 반면에 에너지 생산 비용이 너무 비싸다는 단점이 있다.

재생 에너지는 화석 연료처럼 한 번 사용하면 다시 쓸 수 없는 에너지가 아니라 '재생 가능한 에너지' 또는 '지속 가능한 에너지'를 말한다. 예를 들어 태양광, 풍력, 해양 에너지 등이 있는데 태양이 있는 한 계속해서 에너지를 만들 수 있다는 특징이 있다.

그러나 이러한 대체 에너지들은 날씨 등 외부 조건에 많은 영향을 받는 데다가 아직은 생산량이 부족하기 때문에 에너지 절약도 함께 시행해야 한다. 그 중에는 개인적으로 실천할 수 있는 일들도 많은데 대중교통 이용하기, 쓰지 않는 플로그 뽑아 놓기, 물건 아껴 쓰기, 쓰레기 분리수거 잘해서 배출하기 등 비교적 쉬운 것들이 있다.

 **내용 이해하기**

1 '파리 기후 변화 협약'을 체결한 이유는 무엇입니까?

2 여러 나라가 대체 에너지 개발에 힘쓰는 이유는 무엇입니까?

3 화석 연료 사용을 줄이기 위해 개인이 할 수 있는 일은 무엇입니까?

 **단계별 글쓰기**

> **주제** 　**대체 에너지**
>
> (1) 대체 에너지란 무엇이고, 개발이 필요한 이유는 무엇인가?
> (2) 대체 에너지의 예와 특징은 무엇인가?
> (3) 에너지 절약을 위해 개인이 할 수 있는 일은 무엇인가?

1 자료 모으기

(1) 대체 에너지란 무엇이고, 개발이 필요한 이유는 무엇인가?

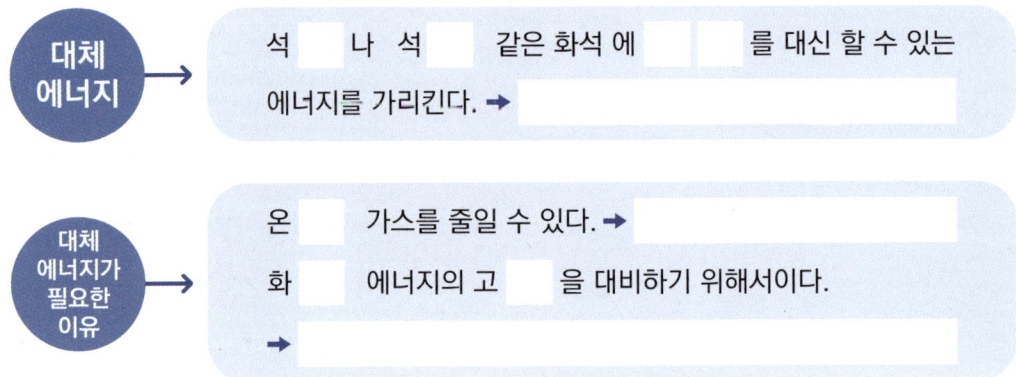

(2) 대체 에너지의 예와 특징은 무엇인가?

대체 에너지	특징
수소 에너지	친환경적

(3) 에너지 절약을 위해 개인이 할 수 있는 일은 무엇인가?

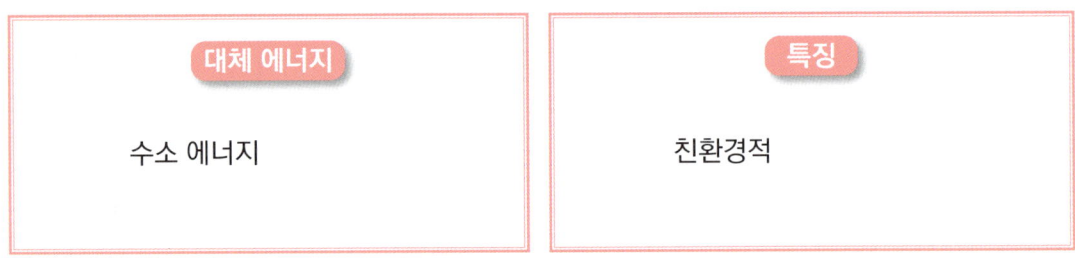
☑ ( ) 이용하기, 쓰지 않는 ( ), 물건 ( ), 쓰레기 ( ) 잘해서 배출하기 등 비교적 쉬운 것들이 있다.

2 문장으로 완성하기

(1) 대체 에너지란 무엇이고, 개발이 필요한 이유는 무엇인가?

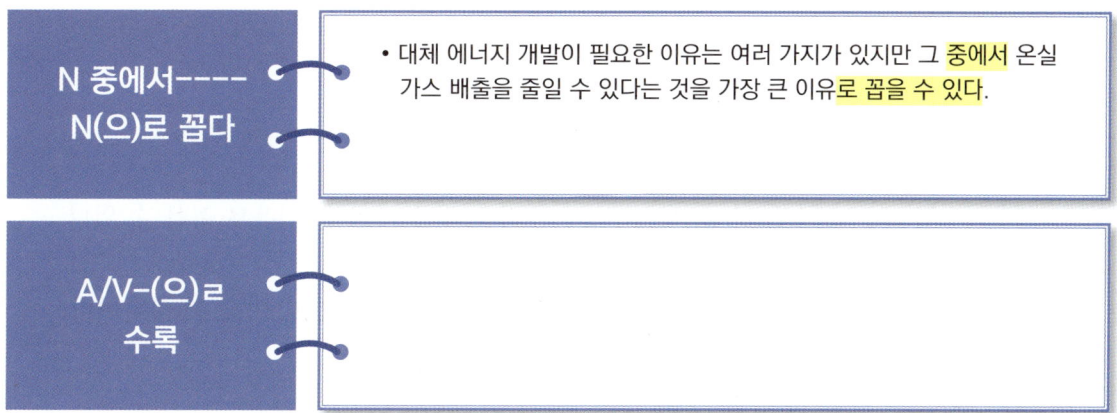

(2) 대체 에너지의 예와 특징은 무엇인가?

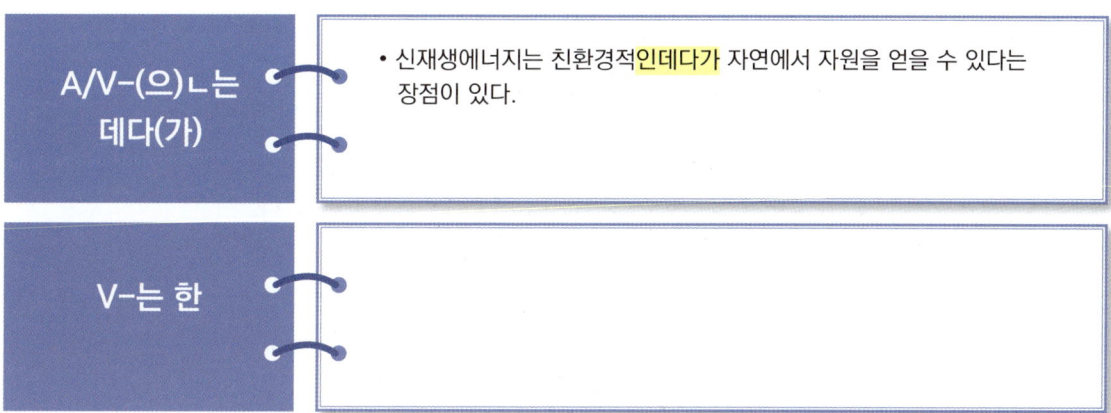

(3) 에너지 절약을 위해 개인이 할 수 있는 일은 무엇인가?

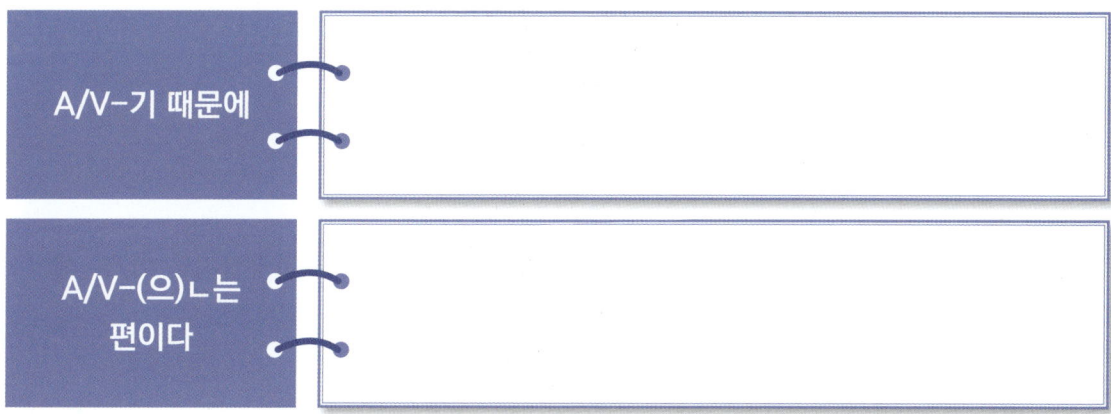

3 개요 짜기

도입

대체 에너지란 _____ 을/를 가리킨다.

대체 에너지가 필요한 이유는 여러 가지가 있는데 그 중에서 _____

_____ 다는 것을 가장 큰 이유로 꼽을 수 있다.

또한 _____ 것도 이유 중 하나이다.

전개

대체 에너지는 신에너지와 재생에너지로 나눌 수 있는데 공통점도

있고 차이점도 있다. 예를 들어 신에너지와 재생에너지는 _____

_____ 다는 공통점이 있다.

신에너지인 _____ 은/는 _____ 데에 비해

_____ 다는 단점이 있다. 또한 _____

_____ 기 때문에 에너지를 절약하는 것도 중요하다.

일례로 _____.

마무리

이처럼 대체 에너지는 친환경적이며 그 종류도 다양하지만 아직 생

산량은 부족한 편이다.

4 글쓰기

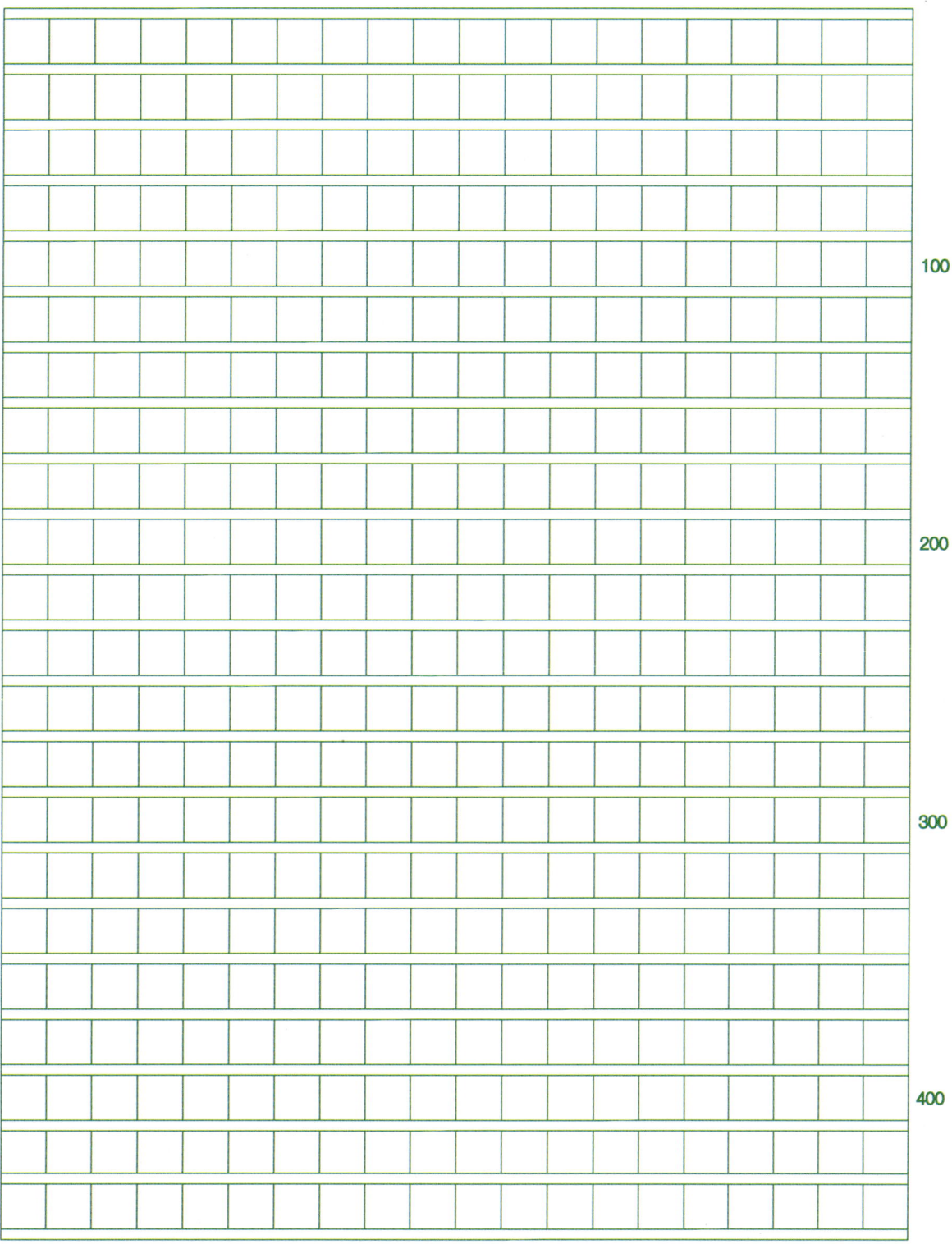

의견

확인하기

과제를 모두 썼습니까?	대체 에너지란 무엇이고 개발이 필요한 이유는?, 대체 에너지의 예와 특징은?, 에너지 절약을 위해 할 수 있는 일은?	☐
과제 연결이 자연스럽습니까?	과제1과 과제2(대체 에너지의 예는~), 과제2와 과제3(에너지 절약을 위해 개인도 실천해야 한다)	☐
설명의 방법을 잘 사용했습니까?	정의, 예시, 비교, 대조, 나열, 분석 등	☐
내용을 풍부하게 썼습니까?	중심 문장(1개) + 뒷받침 문장(2개 이상)	☐
분량이 적절합니까?	고급 글이 되려면 500자 이상이 되어야 함.	☐

3과 어휘 다지기

한국어	영어	중국어	베트남어
환경	the (natural) environment	环境	môi trường
홍수	flood	洪水	lũ lụt
지구 온난화	global warming	全球变暖效应	nóng lên toàn cầu
인류	humanity	人类	nhân loại
석유 / 석탄	oil/coal	石油/煤炭	dầu hỏa/than đá
화석 연료	fossil fuel	化石燃料	nhiên liệu hóa thạch
공기층	air bound	空气层	lớp không khí
해수면	surface of the sea	海平面	mặt nước biển
신에너지	new energy	新能源	năng lượng mới
친환경	being eco-friendly	亲环境的	thân thiện với môi trường
연소	combustion	燃烧	sự cháy
대체 에너지	alternative (source of) energy	替代能源	nhiên liệu thay thế
가뭄	drought	干旱	hạn hán
온실가스	green-house gases	温室气体	khí nhà kính
에너지	energy	能源	năng lượng
이산화 탄소	carbon dioxide (CO2)	二氧化碳	cacbon dioxit (CO2)
빙하	glacier	冰川	băng hà
해안가	beach	海岸	bờ biển
재생 에너지	renewable energy	再生能源	năng lượng tái tạo
외부 조건	external condition	外部條件	điều kiện bên ngoài
질병	illness	疾病	bệnh tật
위협하다	threat	威胁	uy hiếp
고갈되다	run out	枯竭	cạn kiệt
유발하다	cause	诱发	gây nên
흡수하다	absorb	吸收, 吸取	ngấm
대비하다	prepare	应对	phòng bị
배출하다	emit	排放	thải

1 다음을 읽고 ( ) 안에 알맞은 어휘를 <보기>에서 찾아 쓰십시오.

| 보기 | 화석 연료 | 대체 에너지 | 온실가스 | 해수면 |

① 석유나 석탄 같은 (　　　)은/는 점점 고갈될 것이다.

② 화석 연료가 탈 때 배출되는 이산화탄소는 (　　　)를 포함하고 있어서 지구 온난화를 일으킨다.

③ 지구 온난화로 인해 빙하가 모두 녹아내리면 (　　　) 높이가 상승되어서 해안가 도시는 대부분 물에 잠기게 될 것이다.

④ 기후 위기를 불러오는 화석 연료 사용을 줄이고 친환경적인 (　　　) 개발에 더 힘써야 한다.

2 다음을 읽고 밑줄 친 부분과 비슷한 어휘를 <보기>에서 찾아 쓰십시오.

| 보기 | 유발하다 | 고갈되다 | 흡수하다 | 배출하다 |

① 세계 각국은 화석 연료가 <u>사라질 것</u>을 대비해 대체 에너지 개발에 힘쓰고 있다.
　　(　　　　)

② 식물은 탄소를 <u>빨아들이고</u> 산소를 내뿜기 때문에 인간에게 매우 유익하다.
　　(　　　　)

③ 최근 대기 오염으로 인해 급증한 미세 먼지는 각종 호흡기 질병을 <u>일으키고</u> 있다.
　　(　　　　)

④ 자동차에서 <u>내보내는</u> 배기가스, 공장의 매연에는 이산화 탄소가 포함되어 있다.
　　(　　　　)

설명하는 글쓰기 실전

🔍 다음 자료를 참고하여 반려동물 문화에 대해 설명하는 글을 600~700자로 쓰십시오.

최근 1인 가구와 비혼주의자의 증가로 인해 반려동물을 기르는 인구도 급격히 증가하고 있다. 그러나 올바른 반려동물 문화는 아직 정착되지 않아서 여러 문제들이 발생하고 있다. 아래 내용을 중심으로 잘못된 반려동물 문화 때문에 일어나고 있는 문제와 해결책에 대한 글을 쓰라.

(1) 반려동물이란 무엇인가?
(2) 반려동물 문화의 문제점은 무엇인가?
(3) 올바른 반려동물 문화 정착을 위해 할 일은 무엇인가?

1 자료 모으기

(1) 반려동물이란 무엇인가?

_____

(2) 반려동물 문화의 문제점은 무엇인가?

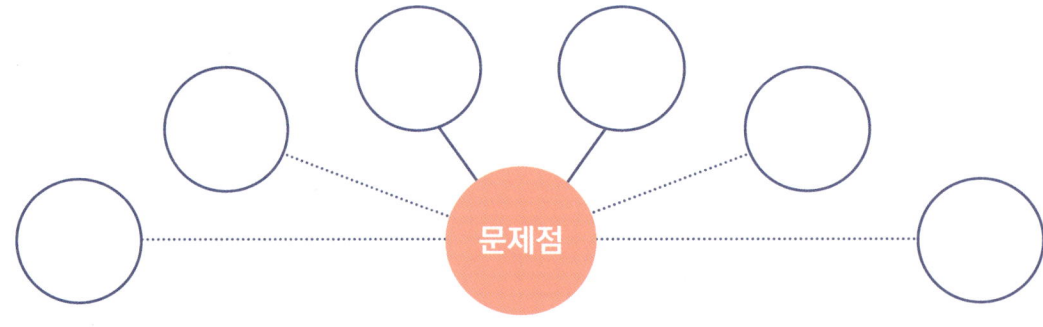

(3) 올바른 반려동물 문화 정착을 위해 할 일은 무엇인가?

☑ _____
  _____

☑ _____
  _____

2 다양한 표현을 사용해서 문장으로 완성하기

(1) 반려동물이란 무엇인가?

(2) 반려동물 문화의 문제점은 무엇인가?

(3) 올바른 반려동물 문화 정착을 위해 할 일은 무엇인가?

3 개요 짜기

설명의 방법을 사용해서 개요 짜기를 해 보세요.

도입	
전개	
마무리	

4 글쓰기

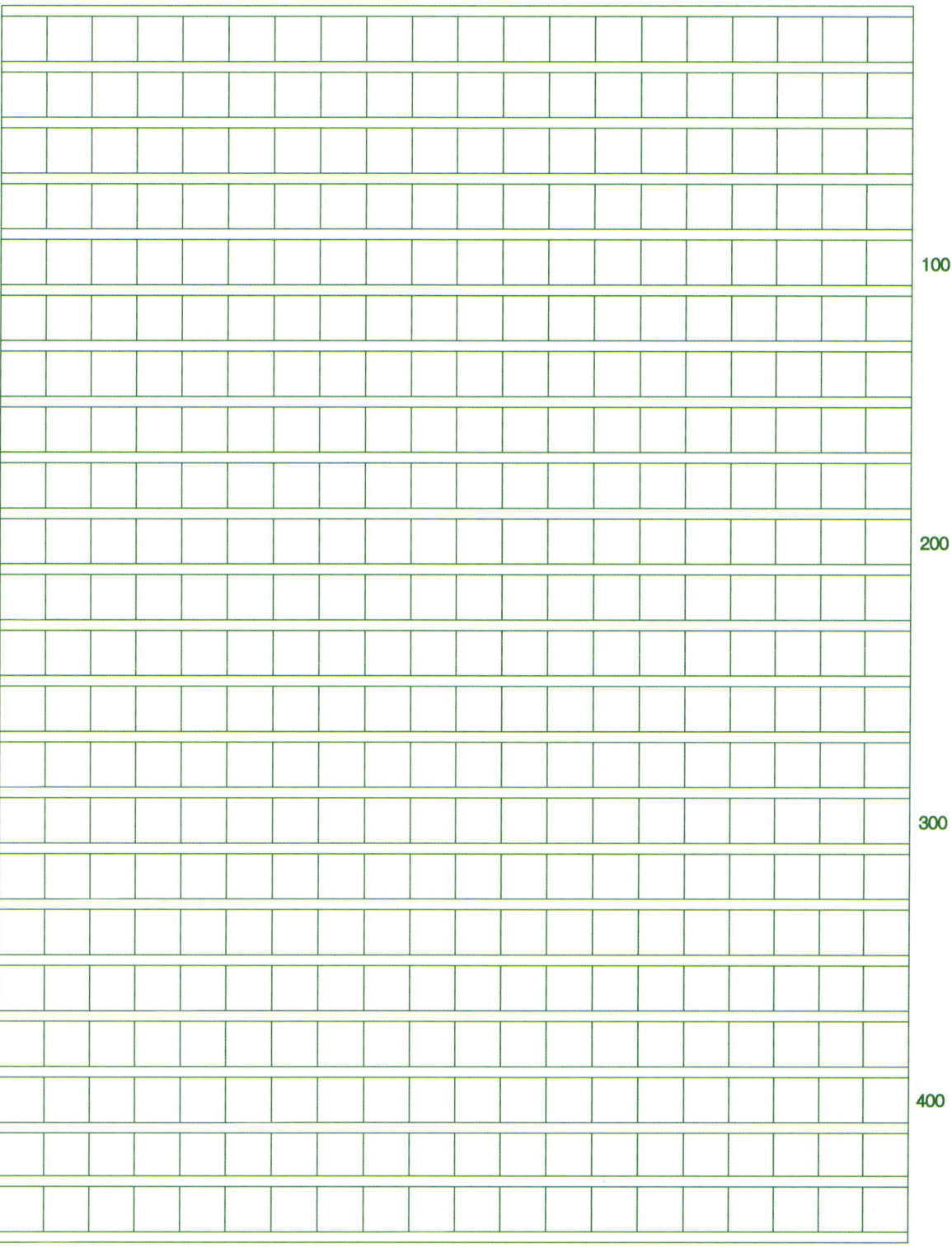

500

600

700

의견

확인하기

과제를 모두 썼습니까?	반려동물이란? 반려동물 문화의 문제점은? 올바른 반려동물 문화 정착을 위해서 할 일은?	☐
과제 연결이 자연스럽습니까?	과제1과 과제2(그런데 반려동물을 기르면서 여러 가지 문제점이 생기고 있다), 과제2와 과제3(이러한 문제를 해결하기 위해 반려동물을 기르는 올바른 문화가 정착되어야 한다)	☐
설명의 방법을 잘 사용했습니까?	정의, 예시, 비교, 대조, 나열, 분석	☐
내용을 풍부하게 썼습니까?	중심 문장(1개) + 뒷받침 문장(2개 이상)	☐
분량이 적절합니까?	고급 글이 되려면 500자 이상이 되어야 함.	☐

설명하는 글쓰기 마무리

 글의 형식과 주요 표현에 주의하면서 복습해 보세요

최근 기후 위기로 인해 전 세계가 해결책을 찾고 있는데 지구의 온도가 1도만 높아져도 생태계가 파괴되어서 인간의 생명이 위협받는다고 한다. 다음 내용을 중심으로 기후 위기를 극복할 수 있는 방안에 대해 자신의 생각을 쓰라

(1) 기후 위기로 일어나고 있는 현상은 무엇인가?
(2) 기후 위기가 일어나는 원인은 무엇인가?
(3) 기후 위기를 해결하기 위한 방법은 무엇인가?

최근 **기후 위기로 인해 세계 곳곳에서 이상 기후 현상이 일어나고 있는데** 크게 가뭄, 홍수, 산불 등으로 나눌 수 있다. 예컨대, 아프리카에 폭설이 내리거나 북극의 빙하가 녹아내리고 있다. 또한 갑자기 일어난 산불이 몇 달 동안 지속되어 사람들에게 큰 피해를 주고 있다. 무엇보다 뜨거워진 대기가 큰 비를 내리게 하여 홍수가 나거나 반대로 극심한 가뭄이 들게 하기도 한다.

이처럼 기후 위기는 인류를 위협하고 있는데 **기후 위기를 불러온 지구 온난화의 원인이 되는 물질은 이산화탄소에 포함되어 있는 온실가스이다.** 이산화탄소는 화석 연료가 연소될 때 발생하는데 공장의 매연이나 자동차의 배기가스에 다량 포함되어 있다. 이산화탄소는 지구의 열을 밖으로 배출하지 못하게 하는 온실가스가 함유되어 있어서 지구를 뜨거워지게 한다. 즉, 교통수단이나 공장은 인류의 편리함과 풍족함을 가져온 반면에 기후 위기를 불러오는 주요 원인이 되고 있는 것이다.

그러므로 **기후 위기를 해결하기 위해서 노력해야 한다.** 지구 온난화를 유발하는 이산화탄소 배출을 줄이기 위해 천연 에너지를 개발하는 것이 중요하다. 일례로, 화석연료에 비해 생산 비용은 비싸지만 환경 오염을 일으키지 않는 수소 에너지 개발이 필요하다. 뿐만 아니라 개인도 에너지 사용을 줄이기 위해 가까운 거리는 걷거나 친환경 제품을 사용하는 등 일상생활에서 에너지 절약을 실천해야 한다.

1부에서 글쓰기의 기초라고 할 수 있는 설명하는 방법을 글 속에서 익혔다면 2부에서는 자신의 의견을 논리적으로 정리해서 논증하는 글쓰기를 할 것이다.

논증하는 글쓰기란 어떤 주제에 대해 자신의 주장이나 의견을 내세워서 상대방을 설득하는 것을 목적으로 쓴 글을 말한다. 좋은 논증문을 쓰기 위해서는 자신의 주장을 객관적인 근거를 들어서 자세히 설명해야 한다.

근거 중심 글쓰기 주요 표현

표현	예문
그 이유는~~ 때문이다	독서를 많이 해야 한다. 그 이유는 독서를 통해 간접 경험을 할 수 있기 때문이다.
먼저 ~~ 원인 중의 하나로 ~을/를 꼽을 수 있다	먼저 독서를 많이 해야 하는 원인 중의 하나로 간접 경험을 꼽을 수 있다.
그 이유를 살펴보면 다음과 같다. 첫째(둘째, 셋째)~기 때문이다	독서를 많이 해야 한다. 그 이유를 살펴보면 다음과 같다. 첫째, 독서를 통해서 간접 경험을 할 수 있다.

문제 해결 중심 글쓰기 주요 표현

표현	예문
~기 위해서는 ~해야 한다.	독서를 많이 하기 위해서는 자신이 좋아하는 분야의 책부터 읽어야 한다.
~(으)려면 ~(으)ㄹ 필요가 있다	독서를 많이 하려면 책을 늘 가까이 둘 필요가 있다.
무엇보다~은/는 것이 중요하다	무엇보다 매일 시간을 정해놓고 독서하는 것이 중요하다.

비판 논쟁 중심 글쓰기 주요 표현

선택	표현
긍정+부정+찬성+이유	그럼에도 불구하고 ~~에 대해서 찬성한다. 그 이유는
긍정+부정+반대+이유	그러므로 ~~에 대해서 반대한다. 그 이유는

제2부

논증하는 글쓰기

- 인구 감소
- 미래 인재 교육
- 행복
- 4차 산업 혁명과 AI
- 감시

근거 제시형 **인구 감소** 4

근거 제시 중심 쓰기 형식

| 서론 | 최근 _____. | 주제 및 내용 소개 |

본론

먼저 _____의 원인 중의 하나로

_____을/를 꼽을 수 있다.

또한 _____ 문제도 하나의 원인이라고 볼 수 있다.

   N이/가 가속화된다면 _____

_____등의 문제점들이 발생할 수 있다.

예를 들어 _____.

그러므로 이러한 문제점을 해결하기 위해서는 _____

_____.

중심 문장
+
구체적인 근거
(2문장 이상)

결론: 이처럼 _____ 위해서는 _____이/가 필요하다.

내용 정리 및 제언

63

04 인구 감소

> ★★ **학습목표**
> 인구 감소의 원인과 해결책에 대한 글쓰기를 할 수 있다.

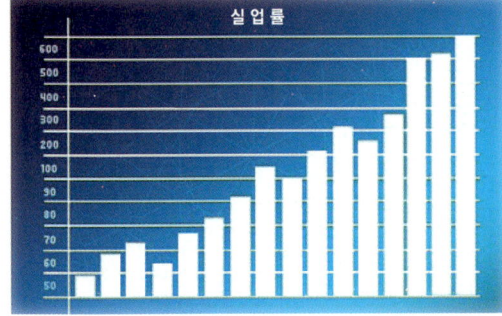

🔍 국가에서 '국민'이 중요한 이유는 무엇일까요?

🔍 결혼한다면 아이를 낳고 싶나요, 안 낳고 싶나요? 그 이유도 말해 보세요.

읽기 자료 속으로

1

인구는 국가를 이루는 매우 중요한 요소이다. 국가의 정치·경제·사회·문화는 모두 국민들에 의해서 원활하게 돌아가며 발전하기 때문이다. 따라서 인구의 증감 현상은 국가의 모든 영역에 영향을 끼치게 된다.

그런데 최근 세계적으로 출산율 감소가 뚜렷해지고 있는 것으로 드러났다. 특히 한국의 출산율은 0.778명(통계청,2022)으로 OECD 국가 중 가장 낮은 것으로 조사되었다. 이는 OECD 평균 1.68명은 물론 초저출산 기준 1.3명에도 못 미칠 정도로 낮은 수치이다. 보통 인구 유지에 필요한 출산율은 평균 2.1명이라고 한다. 그러므로 이런 추세가 지속된다면 국가가 소멸될 수도 있는 심각한 상황에 직면하게 될 것이다.

이렇게 출산율은 낮아지고 있는 반면에 전체 인구 중 노인이 차지하는 비율이 높아지는 고령화 현상은 더욱 가속화되고 있다. 현재 노령 인구는 전체의 18.4%(통계청,2023)인데 20년 전 7.2%에 비해 2배 이상 높아졌다. 전문가들은 50년쯤 후에는 노령 인구가 전체 인구의 절반 가까이 될 것으로 예측하고 있다.

1 국가의 정치, 경제, 사회, 문화는 누구에 의해서 원활하게 돌아갑니까?

_____
_____

2 최근 한국의 출산율과 고령화 현상은 어느 정도입니까?

_____
_____

저출산과 고령화 현상

인구란 한 나라 또는 일정 지역에 살고 있는 사람들의 수를 일컫는다. 최근 세계적으로 저출산·고령화가 급속히 진행되면서 사회의 큰 변화를 일으키고 있다.

저출산의 원인 중 하나로 젊은 층의 가치관 변화를 꼽을 수 있다. 예전 사람들은 결혼과 출산을 당연하게 받아들인 데에 반해 요즘 젊은 세대들은 결혼과 출산을 '선택'으로 여기고 있다. 남녀평등 사상이 보편화되면서 여성의 사회 진출이 늘어났을 뿐만 아니라 자신의 꿈을 이루기 위해 비혼을 선택하는 사람들이 늘고 있기 때문이다. 그리고 결혼을 하더라도 부부의 행복과 풍족하고 여유로운 생활을 원하는 사람들이 증가하는 것도 출산율 저하의 원인이 되고 있다.

또한 경제 불황과 양육 문제도 하나의 원인이라고 볼 수 있다. 최근 세계적인 경제 불황으로 인해 취업률이 감소하면서 실업자도 증가하고 있다. 대학을 졸업하더라도 일자리를 구하지 못하는 청년이 늘면서 결혼에 대한 의지를 잃게 될 수밖에 없는 실정이 된 것이다.

이렇게 인구는 급격히 감소하고 있는 반면에 노령 층에 진입하는 세대들이 늘면서 여러 가지 문제도 일어나고 있다. 고령화가 가속화된다면 노동력 감소, 경제 불황의 지속 등의 문제점들이 발생할 수 있다. 예를 들어 인구가 감소하면 경제 활동 인구가 줄어들게 되고, 경제 활동 인구가 줄어들게 되면 경제가 침체될 것이다.

그러므로 이러한 문제들을 방지하기 위해서는 출산율을 높이는 정책 시행과 고령화 사회 문제점을 동시에 해결해야 한다. 우선 출산율을 높이기 위해서는 청년들의 일자리 창출과 국가의 보육 정책이 잘 마련되어야 할 것이다. 또한 노인 빈곤 문제 해결을 위해서는 국민연금이나 의료 보장 제도 등을 더 튼튼하게 마련하고 노인들도 경제 활동을 할 수 있도록 노인 일자리 창출을 위한 대책을 세워야 한다.

# 내용 이해하기

1 인구가 지속적으로 감소하고 있는 이유는 무엇입니까?

2 저출산의 원인은 무엇입니까?

3 저출산으로 일어나는 문제는 무엇입니까?

 **단계별 글쓰기**

> **주제** 저출산
> (1) 저출산의 원인은 무엇인가?
> (2) 저출산으로 인한 문제점은 무엇인가?
> (3) 문제점에 대한 해결책과 출산율을 높일 수 있는 방법에는 무엇이 있는가?

1 자료 모으기

(1) 저출산의 원인은 무엇인가?

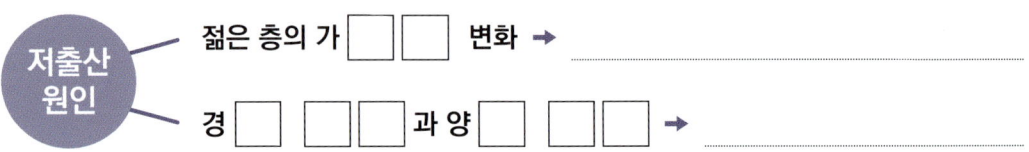

(2) 저출산으로 인한 문제점은 무엇인가?

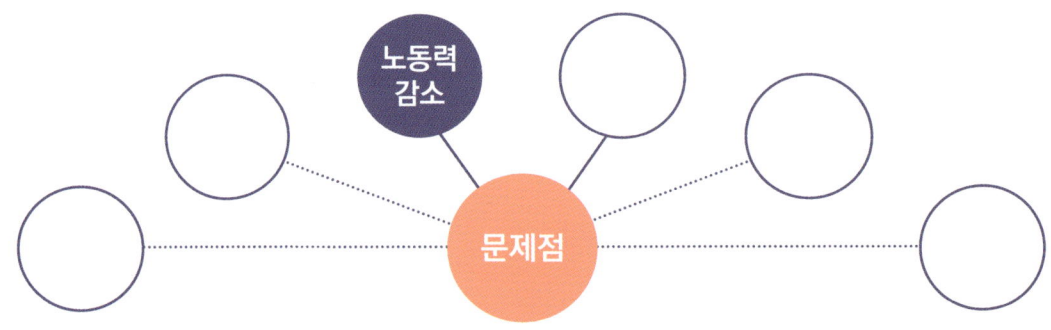

(3) 문제점에 대한 해결책과 출산율을 높일 수 있는 방법에는 무엇이 있는가?

- ☑ 노인의 빈곤 문제를 해결하기 위해서는 (　　　　　　　　) 대책을 세워야 한다.
- ☑ 출산율을 높이기 위해서 (　　　　　　　　) 방안이 마련되어야 한다.

2 문장으로 완성하기

(1) 저출산의 원인은 무엇인가?

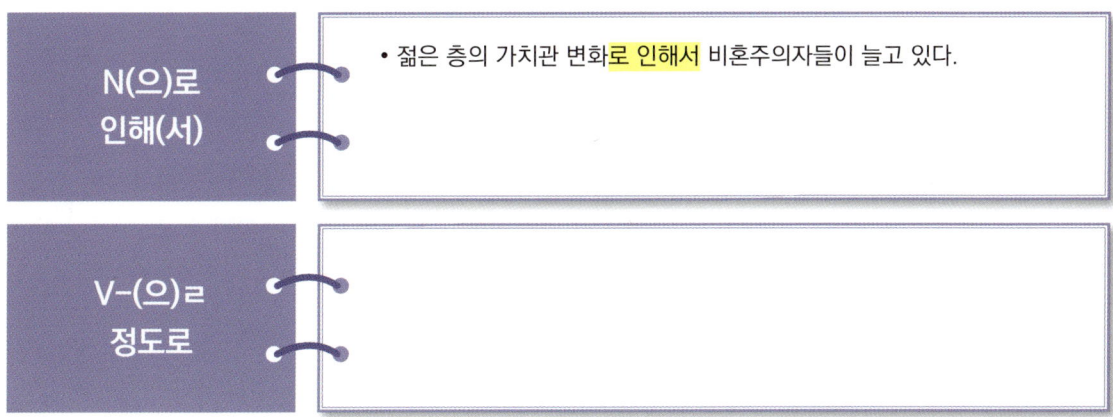

(2) 저출산으로 인한 문제점은 무엇인가?

(3) 문제점에 대한 해결책과 출산율을 높일 수 있는 방법에는 무엇이 있는가?

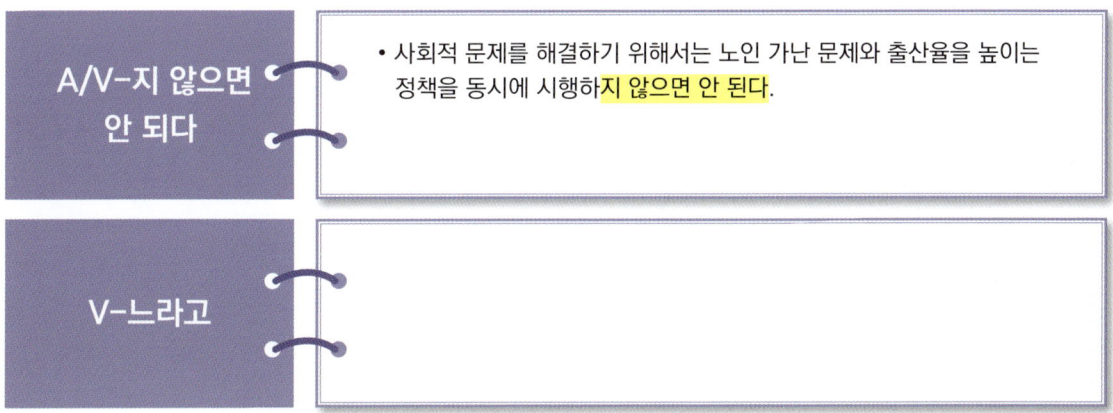

3 개요 짜기

서론

저출산이란 _____ 일컫는다.

최근 저출산이 가속화됨에 따라서 여러 가지 문제가 속출하고 있다.

본론

먼저, 저출산의 원인 중의 하나로 _____

_____을/를 꼽을 수 있다.

또한 _____ 도 하나의 원인이라고 볼 수 있다.

저출산이 가속화 된다면 여러 가지 문제가 발생할 수 있다. 예를 들어

_____.

그러므로 이러한 문제점들을 해결하기 _____

_____.

우선 노인 빈곤 문제를 해결하기 위해서는 _____

_____.

출산율을 높이기 위해서는 _____

_____.

결론

저출산으로 인한 인구 감소는 여러 가지 사회 문제를 일으키기 때문에

_____.

4 글쓰기

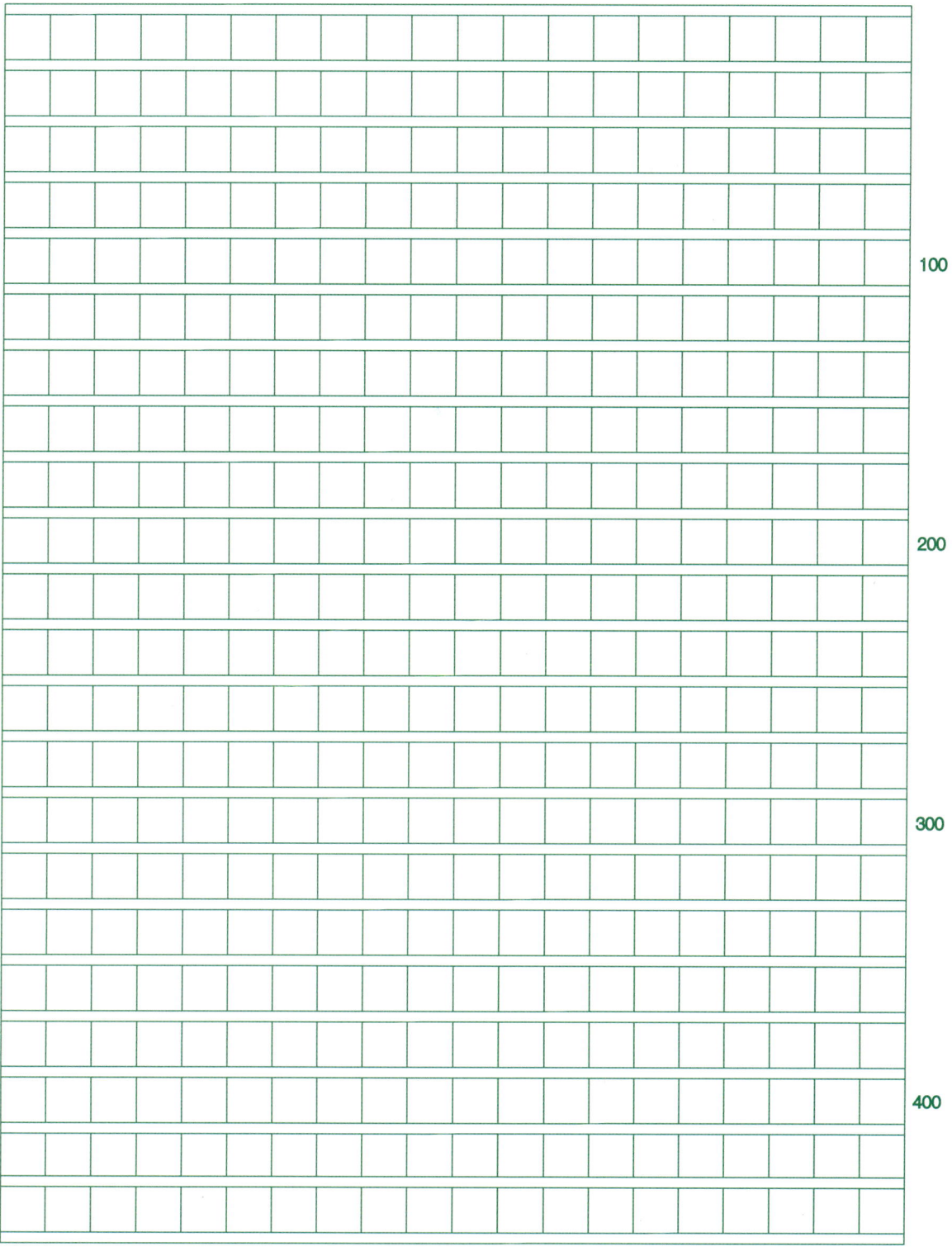

500

600

700

의견

확인하기

과제를 모두 썼습니까?	저출산의 원인은?, 저출산의 문제점은, 해결책은?	☐
과제 연결이 자연스럽습니까?	과제1과 과제2(이렇게 저출산이 지속된다면 여러 가지 문제가 생기게 된다), 과제2와 과제3(이러한 문제를 해결하기 위해서는~)	☐
설명의 방법을 잘 사용했습니까?	원인(~의 원인 중의 하나로 ~을/를 꼽을 수 있다), 문제점(~등의 문제가 발생할 수 있다)	☐
내용을 풍부하게 썼습니까?	해결책중심 문장(1개) + 뒷받침 문장(2개 이상)	☐
* 분량이 적절합니까?	고급 글이 되려면 500자 이상이 되어야 함.	☐

4과 어휘 다지기

한국어	영어	중국어	베트남어
인구	population	人口	dân số
고령화	aging	高龄化	sự lão hóa dân số
기대수명	life expectancy	预期寿命	tuổi thọ
최저 / 최상	the lowest/the highest	最低/最高	thấp nhất / cao nhất
정책	policy	政策	chính sách
가치관	values	价值观	giá trị quan
불황	depression	不景气	suy thoái kinh tế
실업자	unemployed person	失业者	người thất nghiệp
세금	tax	税金	thuế
저출산	low birth rate	低生育率	tỉ lệ sinh thấp
초저출산	ultra-low birth	超低生育	tỉ lệ sinh siêu thấp
젊은 층	Younger generations	年轻阶层	giới trẻ
남녀평등	gender equality	男女平等	bình đẳng giới
국민연금	national pension	国民养老金	chế độ lương hưu quốc dân
취업률	employment rate	就业率	tỉ lệ việc làm
경제 활동	Economic activity	经济活动	hoạt động kinh tế
직면하다	face with	面临	đối mặt
보편화되다	be commonplace	普遍化	trở nên phổ biến
부양하다	support	赡养	chu cấp
은퇴하다	retire	退休	nghỉ hưu
가속화되다	be accelerated	加速	gia tăng
양육하다	bring up	养育	dưỡng dục
방지하다	prevent	防止	phòng tránh
원활하다	smooth	进展顺利	suôn sẻ
뚜렷하다	clear	清楚	rõ rệt
빈곤하다	poor	贫困	nghèo đói
급속히	rapidly	急速地	một cách nhanh chóng

1 다음을 읽고 ( ) 안에 알맞은 어휘를 〈보기〉에서 찾아 쓰십시오.

| 보기 | 인구 | 저출산 | 고령화 | 출산율 |

① 전체 인구 중 노인이 차지하는 비율이 높아지는 (   ) 현상이 가속화되고 있다.

② (   )(이)란 한 나라 또는 일정 지역에 살고 있는 사람들의 수를 일컫는다.

③ 사회를 잘 돌아가게 하는 데에 필요한 (   )은/는 평균 2.1명이라고 한다.

④ (   )이/가 가속화된다면 노동력 감소, 경제 불황 등의 문제가 발생할 수 있다.

2 다음을 읽고 밑줄 친 부분과 비슷한 어휘를 〈보기〉에서 찾아 쓰십시오.

| 보기 | 보편화되다 | 빈곤하다 | 은퇴하다 | 직면하다 |

① 노후를 준비하지 못한 노인들은 가난하게 생활할 수밖에 없을 것이다.
 (   )

② 기대 수명이 높아지면서 퇴직한 후에도 경제 활동을 하는 사람들이 많다.
 (   )

③ 인구의 급격한 감소 추세가 지속된다면 심각한 상황에 맞닥뜨리게 될 것이다.
 (   )

④ 남녀평등 사상이 널리 퍼지면서 여성의 사회 진출도 늘어나게 되었다.
 (   )

문제 해결형1
미래 인재 교육 5

문제 해결 중심 쓰기 형식

서론	N에 따라 N에 대한 기준도 달라지고 있다.	주제 및 내용 소개
본론	먼저 N은/는 _____ 등이 있다. 이러한 N을/를 _____ 위해서는 _____ _____. 예컨대 _____. 끝으로 N을/를 위해서 _____ _____.	중심 문장 + 구체적인 근거 (2문장 이상)
결론	지금까지 _____.	내용 정리 및 제언

05 미래 인재 교육

학습목표
미래 인재에 대해서 알고, 인재를 기르기 위한 교육에 대해 글을 쓸 수 있다.

 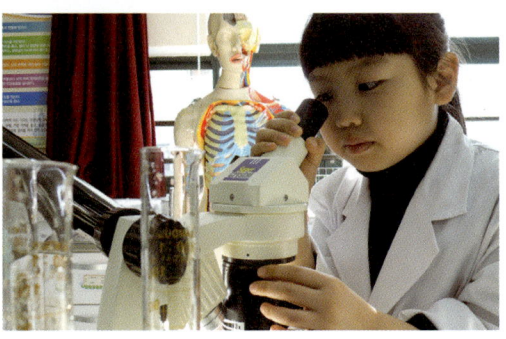

🔍 21세기하면 떠오르는 것을 이야기해 보십시오.

🔍 미래 사회에 꼭 필요한 능력은 무엇이라고 생각합니까?

읽기 자료 속으로

1

인간은 교육을 통해서 다음 세대에게 지식을 전달하고 발전할 수 있는 기틀을 마련한다. 그래서 교육은 세계 어느 나라에서나 중요한 관심사이고 어떻게 하면 좋은 지식을 잘 전달할 것인가에 대해 고민한다. 그런데 단순한 지식 전달만으로는 21세기에 적응할 수 있는 인재를 기르기에 역부족이다.

10년이면 강산도 변한다는 말은 옛말이 되었다. 하루에도 수많은 정보가 쏟아지고, 진실이라고 믿었던 지식들이 바뀌는 시대에 직면했다. 또한 통신 기술의 발달로 세계가 연결되면서 외국에 직접 가서 수업을 듣지 않아도 그들과 소통하면서 지식의 폭을 넓힐 수 있게 되었다. 이제 학생들은 교사를 통하지 않고도 여러 통신 매체를 통해 수많은 정보와 지식을 얻을 수 있게 된 것이다.

이러한 시대적 흐름을 간과할 수는 없다. 21세기 교육은 급변하는 세계에 적응할 수 있고 새롭게 대두되는 산업에서 역량을 발휘할 수 있는 인재를 기를 수 있도록 변해야 한다.

1 교육이 세계 어느 나라에서나 중요한 관심사가 된 이유는 무엇입니까?

_____

_____

2 10년이면 강산도 변한다는 말이 옛말이 된 이유는 무엇입니까?

_____

_____

2 인재는 교육의 혁신으로 만들어진다

미래 인재의 조건으로 비판력, 창의력, 세계 시민의식 등이 있다. 우선 수없이 쏟아지는 정보를 분석하고 취사선택할 수 있는 비판력이 필요하다. 또한 그렇게 얻은 정보를 바탕으로 새로운 지식을 창출할 수 있는 창의력도 중요한 조건이다. 뿐만 아니라 세계 시민의식을 갖고 원활한 의사소통과 협력할 수 있는 건강한 정신이야말로 세계화 시대에 꼭 필요한 조건이라고 할 수 있다.

이러한 인재를 기르기 위해서는 교육이 변해야 한다. 전문가들은 무엇보다 주입식 교육에서 탈피해 창의력과 비판력을 길러 줄 수 있는 교육으로 바뀌어야 한다고 강조한다. 좀 더 구체적으로 말하면 과거에는 지식의 수용자 역할만 했던 학생들이 이제는 교육의 주체가 되어 수업에 능동적으로 참여할 수 있어야 한다는 것이다. 그리고 교사들은 학생들의 적극적인 참여를 위해 다양한 교수법을 개발해야 할 것이다.

비판력과 창의력을 길러주는 교수법의 하나로 질문과 토론을 들 수 있다. 교사는 공부한 것에 대해 학생들끼리 서로 질문을 주고받으며 토론 및 논쟁을 하도록 한다. 이때 교사는 관찰자 역할을 하면서 학생들이 주도적으로 이끌어 갈 수 있도록 도와준다. 그리고 토론을 통해 새롭게 알게 된 사실이나 아이디어를 바탕으로 더 많은 정보를 찾고 정리할 수 있도록 동기 부여를 해 주어야 한다.

또한 학생들이 통합적 사고를 하는 데에 도움이 되도록 교사 간 팀티칭이 이루어져야 한다. 일례로 '저출산이 사회에 미치는 영향'이라는 큰 주제가 있다면, 수학 선생님은 저출산율에 대한 통계를, 사회 선생님은 저출산으로 인한 사회 문제를 주제로 수업하는 것이다. 이를 통해 학생들은 통합적 사고력을 기를 수 있다.

학생들도 스스로 미래의 인재가 되기 위해 노력해야 한다. 먼저 독서를 통해 폭넓은 지식을 쌓고 바른 세계관을 갖기 위해 노력해야 한다. 무엇보다 4차 산업 혁명 사회에서 능력을 발휘할 수 있도록 IT나 첨단 과학과 같은 차세대 지식을 습득하는 것도 매우 중요하다.

 **내용 이해하기**

1 미래 인재의 조건은 무엇입니까?

2 미래 인재를 기르기 위해서는 어떤 교육이 필요합니까?

3 미래 인재를 기르기 위한 구체적인 교육 방법에는 무엇이 있습니까?

 **단계별 글쓰기**

> **주제** 미래 인재를 기르기 위한 교육
> (1) 미래 인재의 조건은 무엇인가?
> (2) 그러한 인재를 기르기 위해서는 교육이 어떻게 변해야 하는가?
> (3) 인재가 되기 위해 학생들 스스로 준비해야 할 것은 무엇인가?

1 자료 모으기

(1) 미래 인재의 조건은 무엇인가?

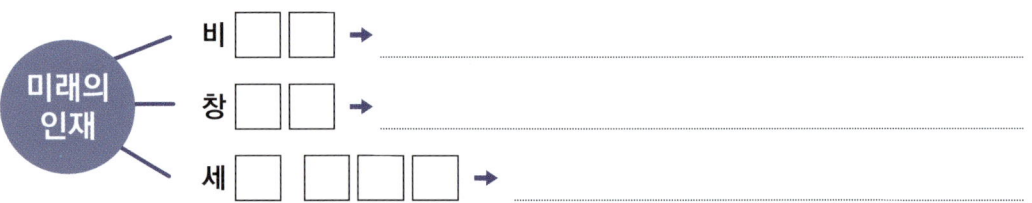

(2) 그러한 인재를 기르기 위해서는 교육이 어떻게 변해야 하는가?

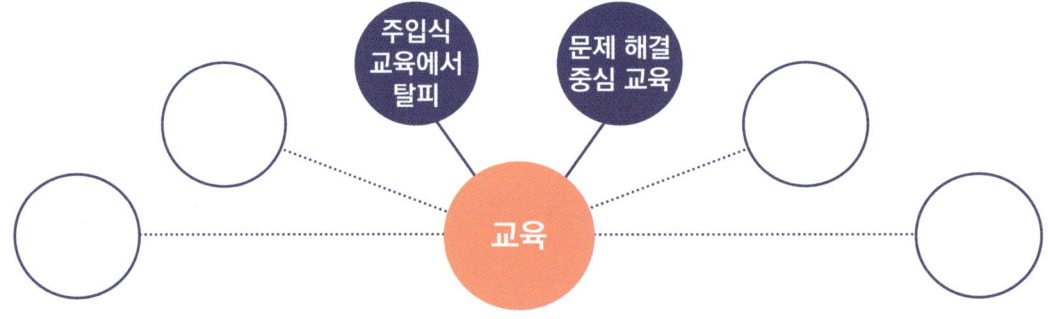

(3) 인재가 되기 위해 학생들 스스로 준비해야 할 것은 무엇인가?

- ☑ (⎯⎯⎯⎯⎯⎯⎯)을/를 통해 폭넓은 지식을 쌓고 올바른 (⎯⎯⎯⎯⎯⎯⎯) 지니기 위해 노력해야 한다.

- ☑ (⎯⎯⎯⎯⎯⎯⎯⎯⎯⎯) 같은 차세대 지식을 습득하는 것도 매우 중요하다.

2 문장으로 완성하기

(1) 미래 인재의 조건은 무엇인가?

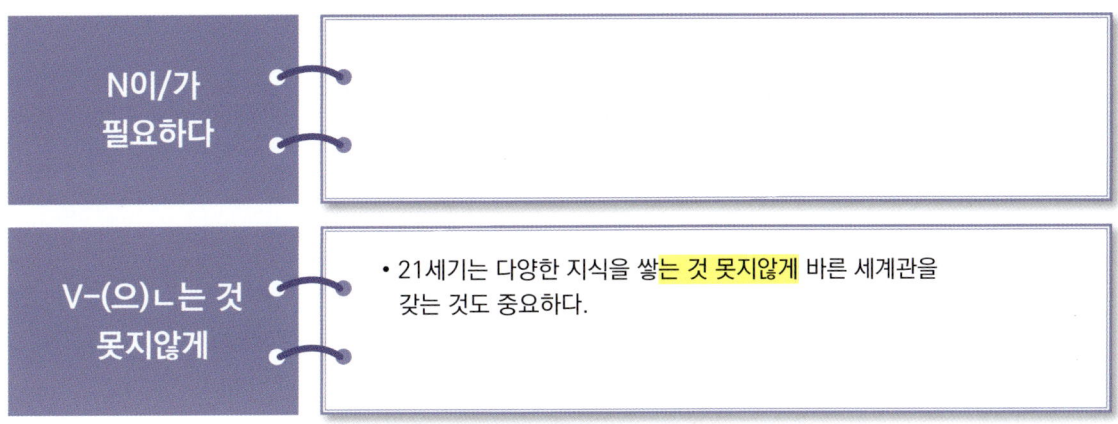

(2) 그러한 인재를 기르기 위해서는 교육이 어떻게 변해야 하는가?

(3) 인재가 되기 위해 학생들 스스로 준비해야 할 것은 무엇인가?

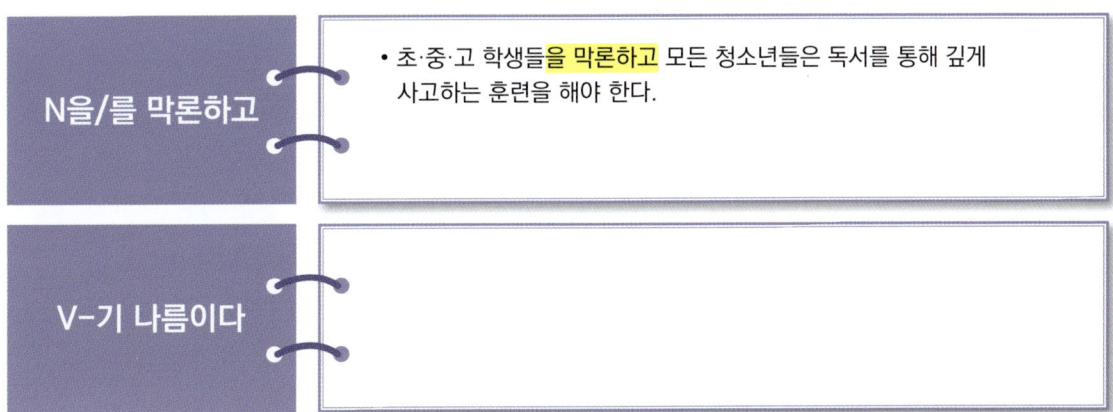

3 개요 짜기

서론

_____ 에 따라 인재에 대한 기준도 달라지고 있다.

이 글을 통해서 _____ 에 대해서 살펴보겠다.

본론

먼저 미래 인재의 조건은 _____, _____, _____ 등이 있다.

_____.

이러한 인재를 기르기 위해서는 교육 방법이 변하지 않으면 안 된다.

예컨대 _____

_____.

_____

_____.

끝으로 이러한 인재가 되기 위해서 _____

_____.

결론

지금까지 미래 인재에 대해서 살펴보았다. 우리는 앞으로 _____

_____.

4 글쓰기

																				500
																				600
																				700

의견

확인하기

과제를 모두 썼습니까?	미래 인재의 조건은?, 미래 인재를 기르기 위해 교육이 변해야 하는 것은?, 인재가 되기 위해 학생 스스로 할 일은?	☐
과제 연결이 자연스럽습니까?	과제1과 과제2(미래 인재를 기르기 위해서는 교육이 변해야 한다), 과제2와 과제3(학생 스스로도 미래 인재가 되기 위해 노력해야 한다)	☐
설명의 방법을 잘 사용했습니까?	해결책(해결하기 위해서는~아/어야 하다, ~는 것이 필요하다, ~는 것도 중요하다)	☐
내용을 풍부하게 썼습니까?	중심 문장(1개) + 뒷받침 문장(2개 이상)	☐
분량이 적절합니까?	고급 글이 되려면 500자 이상이 되어야 함.	☐

5과 어휘 다지기

한국어	영어	중국어	베트남어
인재	talent	人材	nhân tài
기틀	base	根基	nền tảng
수동적	passive	被动的	thụ động
통신 기술	communications technology	电信技术	công nghệ thông tin
통신 매체	communication media	沟通工具	thông tin truyền thông
역량	ability	能力	năng lực
창의력	creativity	创造力	sức sáng tạo
의사소통	communication	沟通	sự giao tiếp
주입식 교육	cramming education	灌输式教育	học nhồi nhét
세대	generation	世代	thế hệ
지식	knowledge	知识	kiến thức
첨단 과학	leading edge science	尖端科学	khoa học tiên tiến
차세대	next generation	新生代	thế hệ mới
비판력	critical power	批判力	năng lực phê phán
세계 시민의식	global citizenship	世界市民意识	ý thức công dân toàn cầu
협력	cooperation	协作	hợp lực
통합적 사고	integrated thinking	整合思维	tư duy tổng thể
교수법	teaching method	教学法	phương pháp giảng dạy
역부족	inadequacy	力量不足	không đủ
구체적	specific	具体的	cụ thể
전달하다	pass on	传达	chuyển giao
(정보)쏟아지다	pour	(信息)大量产生	tung ra
암기하다	memorize	背诵	thuộc lòng
적응하다	adapt	适应	thích ứng
간과하다	overlook	忽视	coi nhẹ
연결하다	connect	连接	kết nối
탈피하다	grow out of	脱离	thoát khỏi

1 다음을 읽고 ( ) 안에 알맞은 어휘를 <보기>에서 찾아 쓰십시오.

| 보기 | 인재 | 비판력 | 창의력 | 세계 시민의식 |

① (　　　　)을/를 갖고 원활한 의사소통과 협력할 수 있는 건강한 정신을 가진 사람이 필요하다.

② 수없이 쏟아지는 정보를 분석하고 취사선택할 수 있는 (　　　　)을/를 가져야 한다.

③ (　　　　)이/가 있는 사람은 새롭게 얻은 정보를 바탕으로 새로운 지식을 창출할 수 있는 능력이 있다.

④ 미래의 (　　　　)을/를 기르기 위해서는 교육이 변하지 않으면 안 된다.

2 다음을 읽고 밑줄 친 부분과 비슷한 어휘를 <보기>에서 찾아 쓰십시오.

| 보기 | 역부족이다 | 탈피하다 | 암기하다 | 간과하다 |

① 교육은 시대의 흐름과 급변하는 사회 현상을 <u>경시하면</u> 안 된다.
　(　　　　　)

② 우리는 무조건 많은 지식을 <u>외우는</u> 것에서 <u>벗어나야</u> 한다.
　(　　　　　)

③ 단순한 지식 전달만으로는 21세기 인재를 기르기에 <u>힘이 모자라다</u>.
　(　　　　　)

④ <u>주입식</u> 교육에서 벗어나 창의력과 비판력을 길러줄 수 있는 교육으로 변해야 한다.
　(　　　　　)

문제 해결형 2
행복 6

문제 해결 중심 쓰기 형식 2

서론

이 글을 통해서 N에 대해서 구체적으로 알아보겠다.

주제 및 내용 소개

본론

먼저 _____.

그 이유는 _____
_____.

다음으로 _____.

우선 _____필요가 있다.

예컨대 _____.

무엇보다 _____(으)려는 태도를 가져야 할 것이다.
_____.

*중심 문장
+
구체적인 근거
(2문장 이상)*

결론

이처럼 _____.

내용 정리 및 제언

06 행복

> ★★ **학습목표**
> 행복에 대해서 생각하고 행복한 삶을 위해 실천할 수 있는 방법에 대한 글쓰기를 할 수 있다.

🔍 여러분이 가장 행복할 때는 언제인가요?

🔍 돈이 행복에 미치는 영향은 어느 정도라고 생각하나요?

읽기 자료 속으로

1

행복이란 생활에서 기쁨과 만족감을 느껴 흐뭇한 상태를 말한다. 사실 우리는 행복한 감정이 무엇인지조차 모르고 살아갈 때가 많다. 학생들은 빡빡한 강의 시간과 모임, 과제, 아르바이트를 하느라고 바쁘다. 또 직장인들은 출근해서 퇴근까지 각종 업무에 시달리다가 퇴근 후에는 집안일과 아이들을 돌보느라 잠들 때까지 한숨도 돌리지 못한다.

우리가 이렇게 하루하루 바쁜 일상을 거듭하는 이유는 행복한 미래를 위해서이다. 학생들은 열심히 공부해서 좋은 직장을 얻고 행복한 가정을 꾸리겠다는 꿈이 있다. 또한 직장인들은 승진과 내 집 마련, 자녀 교육 등을 위해서 쉴 새 없이 뛰고 있다. 이렇게 보면 지금 우리는 미래의 행복을 위해 현재의 행복을 포기하고 있는 것처럼 보인다.

그런데 잠깐 주위를 둘러 사람들의 표정을 살펴보자. 어떤 사람들은 지치고 피곤한 표정으로 마지못해 주어진 일을 하고 있을 것이다. 반면에 어떤 사람들은 밝고 활기차게 웃으면서 자신의 일을 할뿐만 아니라 옆 사람을 도와주는 여유까지 있다. 즉, 모든 사람들이 다 미래의 행복을 위해 현재의 행복을 놓치고 있는 것은 아니라는 말이다.

1 학생들이 열심히 생활하는 이유는 무엇입니까?

_____

_____

2 직장인들이 하루하루 바쁘게 사는 이유는 무엇입니까?

_____

_____

2 행복의 조건

기존의 학자들은 행복과 경제적 여유로움이 꼭 비례하는 것은 아니라고 주장했다. 그 이유는 유엔에서 발표한 [행복 보고서]에서 세계에서 가장 가난한 나라가 상대적으로 행복 만족도가 매우 높은 적이 있었기 때문이다. 그러나 최근 몇 년간의 보고에 의하면 GDP(국민총생산량)가 높은 나라일수록 행복 지수가 높은 데 비해 낮은 나라들은 행복 지수도 낮게 나타나고 있는데, 이는 행복과 부가 매우 밀접한 관계가 있다는 증거이다.

그런데 여기서 중요한 한 가지가 있다. 경제적 풍요가 행복의 유일한 조건은 아니라는 것이다. 연구에 의하면 인간의 기본적 욕구인 '의·식·주'가 충족될 때까지는 행복과 돈은 비례하지만 어느 정도의 부가 충족되면 더 이상 행복감에 영향을 주지 않는다고 한다. 다시 말하면 인간이 행복해지려면 어느 정도의 돈은 필요하지만 돈 외에도 많은 것들이 영향을 준다는 것이다.

전문가들은 행복감을 느끼기 위해서는 경제적 능력 못지않게 '자유, 능력, 관계'와 같은 요소도 중요하다고 강조한다. 예를 들어, 일상에서 즐거운 일을 하거나 유능한 인재가 되어 인정을 받거나 사랑하는 사람들과 좋은 관계를 유지하는 것 등이 있다. 특히 자신이 좋아하는 일을 자유롭게 선택해서 마음껏 할 수 있는 사람들은 일하는 것 자체가 행복이 될 수 있다.

그러므로 학창 시절에는 끊임없이 자신의 관심 분야를 찾고 공부하면서 탐구해야 한다. 좋아하는 일을 찾았다고 해서 유능한 사람이 되는 것은 아니다. 장기적인 목표를 세우고 끝까지 목표를 이루기 위해 인내하고 노력해야 한다. 그러면 주위로부터 칭찬과 인정을 받게 되고 자유롭게 직업을 선택할 수 있을 것이다. 뿐만 아니라 가족과 친구들과의 좋은 관계를 유지하고 자주 만나서 맛있는 음식을 먹거나 대화 하는 것도 매우 중요하다. 끝으로 운동이나 여행을 하는 것도 좋다.

 **내용 이해하기**

1 최근 행복 지수가 높은 나라들과 낮은 나라들은 어떤 차이가 있습니까?

2 행복과 돈의 관계는 어떻게 됩니까?

<mark>의·식·주가 충족되기 전</mark>

<mark>의·식·주가 충족된 후</mark>

3 행복감을 높이기 위해 우리가 해야 할 일은 무엇입니까?

 **단계별 글쓰기**

> **주제** 행복
>
> (1) 행복이란 무엇인가?
> (2) 행복과 돈의 관계는 어느 정도라고 생각하는가?
> (3) 행복한 삶을 위해 우리가 실천할 수 있는 일은 무엇인가?

1 자료 모으기

(1) 행복이란 무엇인가?

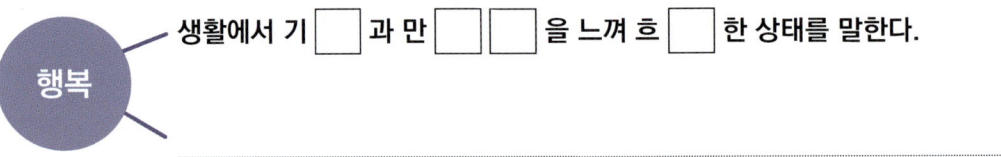

행복 — 생활에서 기[　]과 만[　][　]을 느껴 흐[　]한 상태를 말한다.

(2) 행복과 돈의 관계는 어느 정도라고 생각하는가?

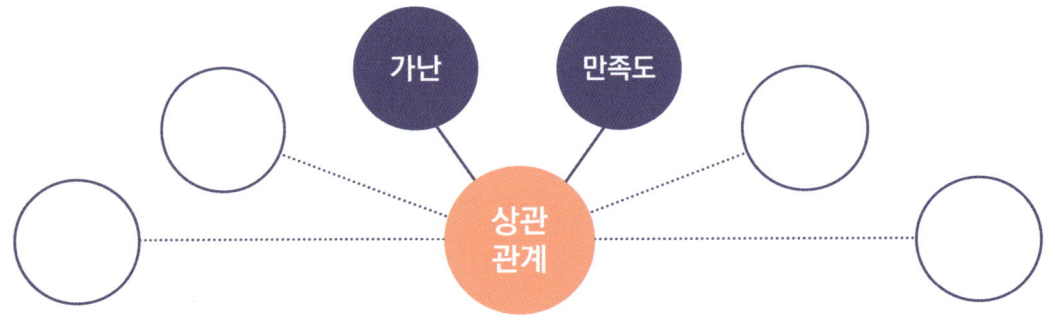

(3) 행복한 삶을 위해 우리가 실천할 수 있는 일은 무엇인가?

관심 분야 탐구, 가족과의 좋은 관계 유지, 운동

2 문장으로 완성하기

(1) 행복이란 무엇인가?

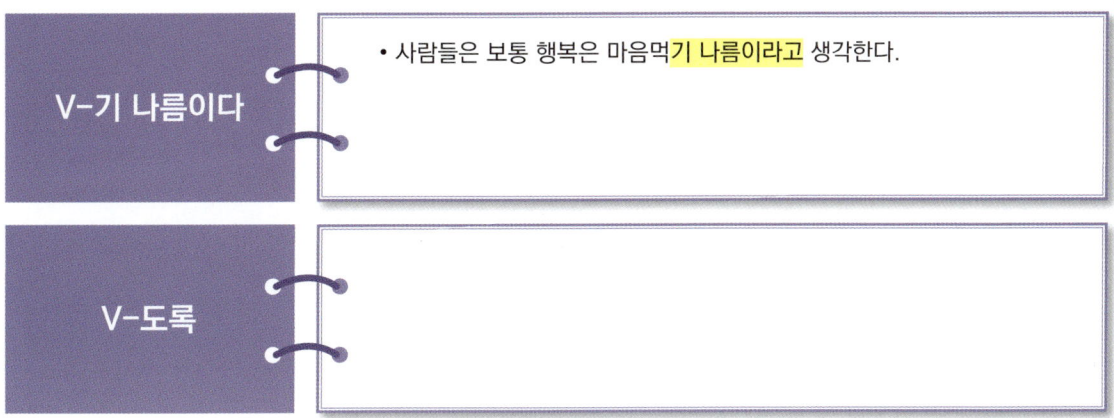

- 사람들은 보통 행복은 마음먹기 나름이라고 생각한다.

(2) 행복과 돈의 관계는 어느 정도라고 생각하는가?

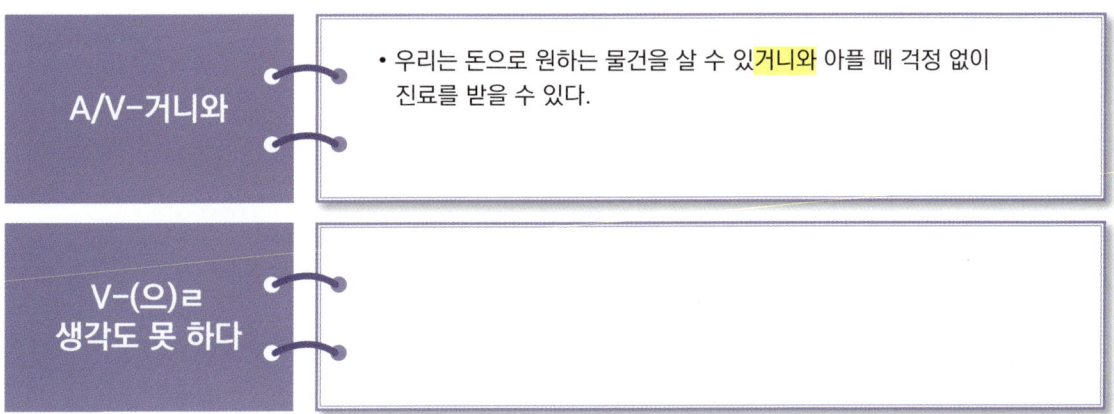

- 우리는 돈으로 원하는 물건을 살 수 있거니와 아플 때 걱정 없이 진료를 받을 수 있다.

(3) 행복한 삶을 위해 우리가 실천할 수 있는 일은 무엇인가?

3 개요 짜기

서론

행복이란 _____

_____ .

이 글을 통해서 _____ 에 대해서 구체적으로 알아보겠다.

본론

먼저 행복과 돈의 상관관계에 대한 생각은 다음과 같다.

_____

_____ .

그 이유는 _____

_____ .

다음으로 행복한 삶을 위해 우리가 실천할 수 있는 일도 많다.

우선 _____ (으)ㄹ 필요가 있다.

예컨대 _____ .

무엇보다 _____ (으)려는 태도를 가져야 할 것이다.

결론

이처럼 행복은 _____ 기 때문에

_____ .

4 글쓰기

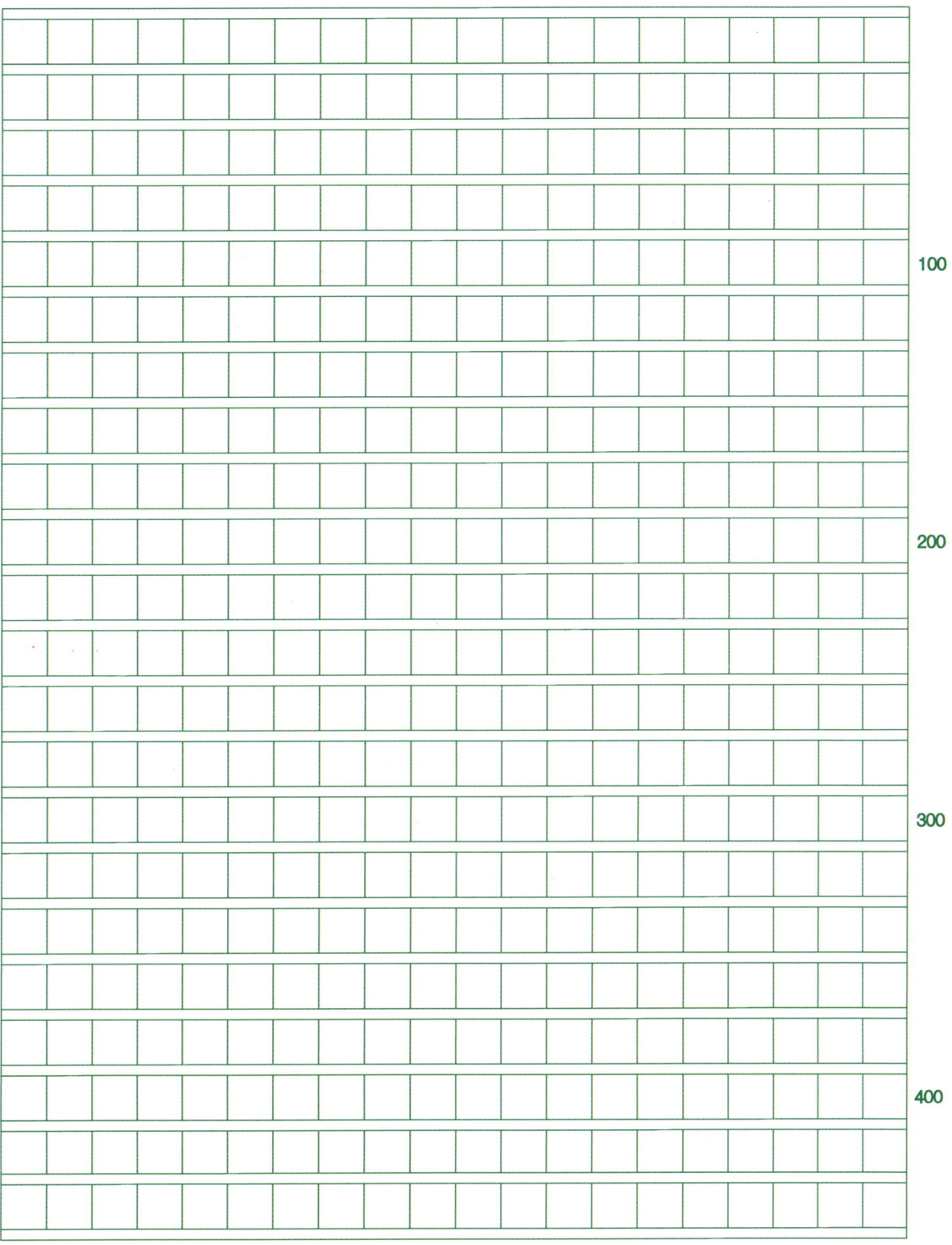

500

600

700

의견

확인하기

과제를 모두 썼습니까?	행복이란 무엇인가?, 행복과 돈의 관계는?, 행복을 위해서 우리가 할 일은?	☐
과제 연결이 자연스럽습니까?	과제1과 과제2(그렇다면 돈이 행복에 미치는 영향은 얼마나 될까?), 과제2와 과제3(우리는 행복을 위해 노력할 필요가 있다)	☐
설명의 방법을 잘 사용했습니까?	해결책(해결하기 위해서는~아/어야 하다, ~는 것이 필요하다, ~는 것도 중요하다)	☐
내용을 풍부하게 썼습니까?	중심 문장(1개) + 뒷받침 문장(2개 이상)	☐
분량이 적절합니까?	고급 글이 되려면 500자 이상이 되어야 함.	☐

6과 어휘 다지기

한국어	영어	중국어	베트남어
행복감	happiness	幸福感	cảm giác hạnh phúc
기존	existing	现存	sẵn có
학창 시절	school days	学生时代	thời đi học
만족감	satisfaction	满足感	cảm giác hài lòng
상관관계	correlation	相关关系	quan hệ tương quan
승진(하다)	be promoted	升职	thăng cấp
장기적	long-term	长期的	dài hạn
거듭하다	repeat	反复	lặp đi lặp lại
속하다	belong to	属于	thuộc
마음먹다	decide	决心	quyết tâm
시달리다	suffer	受折磨	khổ sở
비례하다	be in proportion	比例	tỉ lệ
차지하다	occupy	占据	chiếm
충족되다	be satisfied	充足	được đáp ứng
인정받다	get credit for	得到认可	được công nhận
탐구하다	search for	探究	tìm tòi
빡빡하다	tight	生硬	chật chội
우울하다	depressed	忧郁	buồn rầu
유일하다	sole	唯一	duy nhất
흐뭇하다	pleased	心满意足地	mãn nguyện
마지못해	reluctantly	不得已	miễn cưỡng
여유롭다	relaxed	宽裕	dư dả
밀접하다	close	密切	mật thiết
유능하다	competent	有能力	có năng lực
한숨 돌리다	take a breath	松口气	thở phào
가정을 꾸리다	raise a family	操持家庭	xây dựng gia đình

1 다음을 읽고 ( ) 안에 알맞은 어휘를 <보기>에서 찾아 쓰십시오.

보기	행복감	만족도	학창 시절	장기적

① 의·식·주가 해결되기 전까지는 경제적 능력과 행복 (　　　)이/가 비례한다.

② 사람들은 돈 외에도 자유, 능력, 관계를 통해서도 (　　　)을/를 느낀다.

③ 우리는 (　　　) 목표를 세우고 끝까지 이루기 위해 노력해야 한다.

④ (　　　)에는 끊임없이 자신의 관심 분야를 찾고 공부하면서 탐구해야 한다.

2 다음을 읽고 밑줄 친 부분과 비슷한 어휘를 <보기>에서 찾아 쓰십시오.

보기	시달리다	빡빡하다	밀접하다	거듭하다

① 학생들은 강의, 모임, 과제, 아르바이트 등으로 <u>여유가 없이</u> 살아가고 있다.
　(　　　　)

② 바쁜 일상을 <u>반복하다</u> 보면 아름다운 경치를 봐도 감동을 느끼지 못할 때가 있다.
　(　　　　)

③ 직장인들은 출근해서 퇴근하기까지 각종 업무로 인해 <u>괴롭힘을 당하게</u> 된다.
　(　　　　)

④ 유엔에서 발표한 자료에 따르면 행복과 부는 <u>맞닿아 있다</u>는 것을 알 수 있다.
　(　　　　)

비판 논쟁형 1
4차 산업 혁명과 AI 7

비판 논쟁 중심 쓰기 형식

서론	N에 대해서 찬성하는 사람이 있는 반면에 반대하는 사람도 있다.	주제 및 내용 소개
본론	N은/는 _____(으)ㄴ는다는 장점이 있다. 반면에 _____(으)ㄴ는다는 단점도 있다.	중심 문장 + 구체적인 근거 (2문장 이상)
본론	〈 찬성할 때 〉 그럼에도 불구하고 N에 대해서 **찬성한다**. 그 이유는 _____기 때문이다. 무엇보다 N은/는 _____.	〈 반대할 때 〉 그러므로 N에 대해서 **반대한다**. 그 이유는 _____ _____기 때문이다. 무엇보다 N은/는 _____.	자신의 입장 밝히기 찬성/반대 근거 중심 문장 + 구체적인 이유
결론	N은/는 _____기 때문에 찬성한다.	N은/는 _____기 때문에 반대한다.	내용 정리 및 자신의 의견 강조

07 4차 산업 혁명과 AI

학습목표
4차 산업 혁명과 AI의 개념을 이해하고 AI 로봇에 대한 글쓰기를 할 수 있다.

🔍 과학 기술 덕분에 우리 생활이 편리해졌는데 그 예는 무엇이 있나요?

🔍 현재 우리 생활에서 볼 수 있는 로봇에 대해 말해 보세요.

읽기 자료 속으로

1

4차 산업 혁명이란 컴퓨터를 바탕으로 생산 방식이 새롭게 바뀌는 것을 말한다. 즉, 인공 지능을 중심으로 한 소프트웨어와 많은 양의 데이터를 처리하는 빅 데이터 (Big Data) 기술, 최신 로봇 기술이 합쳐져 근로 형태가 다양하게 변화하는 것을 의미한다.

4차 산업 혁명을 통해 기계와 인간이 협업을 하거나 수많은 데이터를 분석해서 미래를 예상하고 인간의 행동까지 예측할 수 있다. 일례로 소비자의 쇼핑 성향을 분석해서 맞춤 서비스를 제공한다. 그리고 온라인 수업이나 원격 진료, 재택근무 등 상상으로만 가능했던 세상이 4차 산업 혁명 덕분에 현실화되고 있다.

4차 산업 혁명으로 인해 미래에는 많은 일자리가 줄어들고 새로운 일자리가 생겨난다고 한다. 자동화 프로그램이나 로봇 등이 할 수 있는 단순한 업무는 기계가 하게 되고 문화, 예술 등 창조적인 일이나 로봇 제작과 같은 복잡한 일은 인간이 하게 된다는 것이다.

이러한 이유로 4차 산업 혁명이 인간의 일자리를 빼앗을 것이라는 부정적인 시각이 있는 반면에 오히려 인간의 창조적 사고가 각광받을 것이라는 두 가지 의견이 있다.

1 4차 산업 혁명이란 무엇입니까?

_____

_____

2 4차 산업 혁명으로 일어나는 현상의 예는 무엇이 있습니까?

_____

_____

2 AI 로봇의 발전, 이대로 좋은가

인간과 인공 지능 알파고(AlphaGo)의 바둑 대결이나 53개의 손가락을 가지고 있는 피아노 알파고와 인간의 피아노 연주 대결은 세계의 주목을 끌었다. 그 이유는 AI가 인간만의 고유 자질로 여겼던 사고와 예술까지 영역을 넓히고 있기 때문이다.

인공 지능 로봇 소피아(Sophia)는 2015년 홍콩에서 개발된 사람의 인체 모양과 비슷한 휴머노이드(Humanoid) 로봇이다. 소피아의 가장 큰 특징은 사람과의 의사소통이 가능하

고 스스로 사고해서 발전할 뿐만 아니라 감정까지 표현할 수 있다는 것이다. 인간과 상호 작용까지 가능한 로봇이라는 점에서 소피아의 탄생은 큰 관심을 받게 되었다.

4차 산업 혁명 시대가 가속화되면서 AI 로봇에 대한 관심이 부각되고 있다. 그런데 AI 로봇 발전은 긍정적인 면과 부정적인 면이 있다.

먼저 AI 로봇의 장점은 소방관이나 군인 같이 위험한 일을 대신해 줄 수 있다. 뿐만 아니라 인간과 협업해서 생산성을 높여주기 때문에 기업에 큰 이익을 가져다준다는 장점이 있다. 더 나아가 개인에게도 도움을 주는데 반려 로봇이나 인공 지능 가전제품은 삶의 질을 향상시켜 준다. 예컨대, 새롭게 등장할 스마트도어(smart-door)는 고객이 택배 배송 기사에게 QR코드를 보내면 택배함까지 물건을 안전하게 배달해주는 기능을 한다. 또한 집 안에 설치된 식물 재배기와 스마트폰이 연결되어서 수시로 식물의 성장 상태를 확인할 수 있고 싱싱한 채소를 필요할 때마다 얻을 수 있다.

반면에 인간의 일자리를 로봇이 빼앗게 되면 실업 문제가 심각해질 수도 있고 로봇이 계속 발전하면 인간을 위협할 수 있다는 단점도 있다. 또한 반려 로봇이나 로봇 예술가가 등장한다고 해도 동물이나 인간을 완벽하게 대체할 수 있을지 알 수 없다.

내용 이해하기

1 인간과 알파고의 바둑 대결이나 인간과 피아노 알파고의 연주 대결이 사람들의 주목을 끈 이유는 무엇입니까?

2 인공 지능 로봇의 장점은 무엇입니까?

3 인공 지능 로봇의 등장으로 일어날 수 있는 문제점은 무엇입니까?

 **단계별 글쓰기**

📄 **글쓰기 전 단계 : 친구들과 함께 정보를 찾고 토론하십시오.**

1) 현재 인공 지능 로봇이 어디까지 발전했는지 찾아보십시오.

2) 앞으로 어떤 로봇이 나오면 좋을까요? 상상해 보십시오.

3) 인공 지능 로봇의 발전에 대해서 어떻게 생각하세요? 이유도 함께 써 보십시오.

우리 팀은 인공 지능 로봇의 발전에 대해 (찬성, 반대)합니다.

그 이유는 두 가지가 있습니다.
첫째,

둘째,

주제 인공 지능 로봇(AI)

(1) 인공 지능 로봇 발전의 장점은 무엇인가?

(2) 인공 지능 로봇 발전의 문제점은 무엇인가?

(3) 인공 지능 로봇 발전에 대해서 찬성하는지 반대하는지 의견을 쓰고 그에 대한 이유도 두 가지 이상 쓰라.

1 자료 모으기

(1) 인공 지능 로봇 발전의 장점은 무엇인가?

(2) 인공 지능 로봇 발전의 문제점은 무엇인가?

(3) 인공 지능 로봇 발전에 대해서 찬성하는지 반대하는지 의견을 쓰고 그에 대한 이유도 두 가지 이상 쓰라.

찬성 or 반대	이유

2 문장으로 완성하기

(1) 인공 지능 로봇 발전의 장점은 무엇인가?

(2) 인공 지능 로봇 발전의 문제점은 무엇인가?

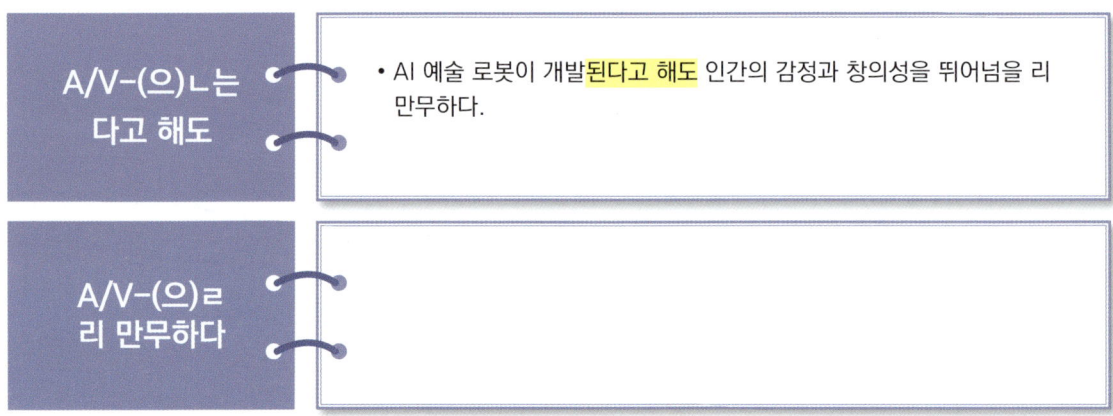

(3) 인공 지능 로봇 발전에 대해서 찬성하는지 반대하는지 의견을 쓰고 그에 대한 이유도 두 가지 이상 쓰십시오.

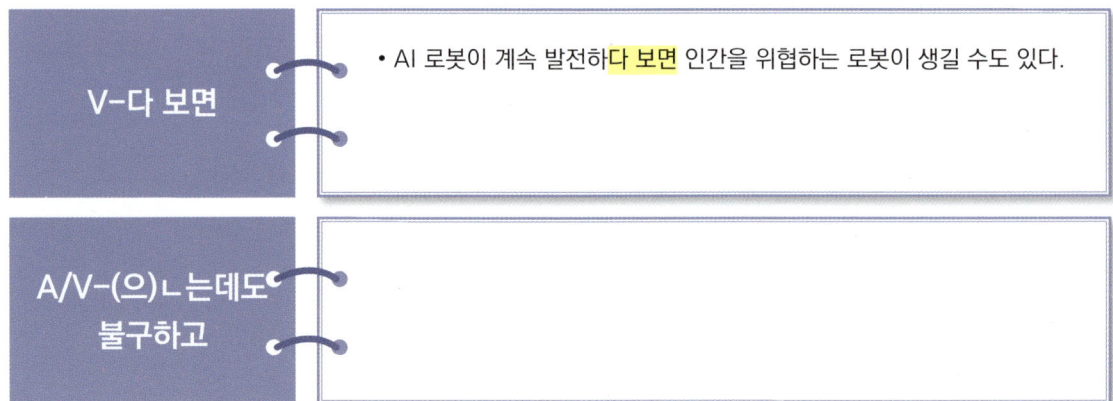

3 개요 짜기

서론

4차 산업 혁명이 가속화되면서 인공 지능 로봇에 대한 관심이 부각되고 있다. 그런데 인공 지능 로봇 발전에 대해서 찬성하는 입장과 반대하는 입장이 있다.

본론

먼저 AI 로봇은 _____
_____다는 장점이 있다.

반면에 _____
_____다는 단점도 있다.

그럼에도 불구하고 인공 지능 로봇 발전에 대해서 찬성한다. 그 이유는 _____ _____기 때문이다. 무엇보다 AI 로봇은 나아가 _____다는 긍정적인 영향을 줄 수 있다.

그러므로 인공 지능 로봇 발전에 대해서 반대한다. 그 이유는 _____ _____기 때문이다. 무엇보다 AI 로봇은 _____ _____ _____.

결론

AI 로봇은 _____ _____ 계속 발전되어야 한다.

AI 로봇은 _____ 상황까지 초래할 수 있기 때문에 개발을 멈추지 않으면 안된다.

107

4 글쓰기

500

600

700

의견

확인하기

과제를 모두 썼습니까?	인공 지능 로봇 발전의 장점은?, 문제점은?, 인공 지능 로봇의 발전에 찬성하는가, 반대하는가?(이유 두 가지)	☐
과제 연결이 자연스럽습니까?	과제1과 과제2(인공 지능 로봇 발전은 이렇게 장점이 있는 반면에 단점도 있다), 과제2와 과제3(그러므로 나는 인공 로봇 발전에 반대한다/ 그럼에도 불구하고 인공 로봇 발전에 찬성한다)	☐
설명의 방법을 잘 사용했습니까?	선택(찬성 또는 반대한다), 이유(~이유 중 하나로 ~~을/를 들 수 있다, ~은/는 것도 하나의 이유로 볼 수 있다)	☐
내용을 풍부하게 썼습니까?	중심 문장(1개) + 뒷받침 문장(2개 이상)	☐
분량이 적절합니까?	고급 글이 되려면 500자 이상이 되어야 함.	☐

7과 어휘 다지기

한국어	영어	중국어	베트남어
4차 산업 혁명	Fourth Industrial Revolution	第四次工业革命	cách mạng công nghệ lần thứ 4
소프트웨어	software	软件	phần mềm
최신	the latest	最新	mới nhất
과학 기술	science and technology	科学技术	khoa học kỹ thuật
재택근무	work from home	家庭办公	làm việc tại nhà
일자리	job	就业机会	việc làm
인공 지능	artificial intelligence	人工智能	trí tuệ nhân tạo
삶의 질	quality of life	生活质量	chất lượng cuộc sống
빅 데이터	big data	大数据	dữ liệu lớn
로봇	robot	机器人	rô-bốt
협업	co-operation	协作	hợp tác
원격 진료	Remote Medical Service	函诊	điều trị từ xa
휴머노이드	Humanoid	仿真机器人	(người máy) có hình dáng giống người
생산성	productivity	生产效率	năng suất
의사소통	communication	沟通	giao tiếp
창조적	creative	创造性的	sáng tạo
생산하다	produce	生产	sản xuất
분석하다	analyze	分析	phân tích
상상하다	imagine	想象	tưởng tượng
각광받다	be in the spotlight	引人注目	nhận được sự chú ý
부각되다	emerge	凸现为	được làm nổi bật
제작하다	produce	制作	chế tạo
현실화되다	become a reality	成为现实	được hiện thực hóa
대체하다	alternate	替代	thay thế
안전하다	safe	安全	an toàn

1 다음을 읽고 (   ) 안에 알맞은 어휘를 <보기>에서 찾아 쓰십시오.

| 보기 | 원격 진료 | 인공 지능 로봇 | 휴머노이드 | 4차 산업 혁명 |

① (   )(이)란 컴퓨터를 바탕으로 생산 방식이 새롭게 바뀌는 것을 말한다.

② 과학 기술의 발달로 인해 사람의 인체 모양과 비슷한 (   )이/가 제작되고 있다.

③ (   )이/가 더 발달하게 된다면 사람들의 일자리를 빼앗게 되어서 실업률이 높아질 수 있다.

④ 이미 인공 지능 로봇 의사가 등장해서 사람들이 병원에 가지 않아도 인터넷을 통해 (   )이/가 가능해졌다.

2 다음을 읽고 밑줄 친 부분과 비슷한 어휘를 <보기>에서 찾아 쓰십시오.

| 보기 | 각광받다 | 분석하다 | 대체하다 | 부각되다 |

① 4차 산업 혁명 시대가 가속화되면서 AI 로봇 산업이 <u>두드러지고</u> 있다.
   (   )

② 미래에는 창조적 사고를 할 수 있는 직업이 <u>인기를 끌</u> 것으로 예상된다.
   (   )

③ 기업은 수많은 데이터를 <u>나눠서</u> 정리한 다음 고객 맞춤 서비스를 제공한다.
   (   )

④ 로봇 예술가가 등장한다고 해도 인간을 완전히 <u>대신하기는</u> 어려울 것이다.
   (   )

비판 논쟁형 2
8 감시

비판 논쟁형 쓰기 형식 2

서론

N을/를 찬성하는 사람이 있는 반면에 N을/를 반대하는 사람들도 있다. 나는 N에 대해서 (찬성/ 반대)한다.

주제 관련 현황 및 자신의 입장 밝히기

본론

먼저, N을/를 선택하는 이유 중의 하나로 N을/를 들 수 있다. 또한 _____ 은/는 것도 하나의 이유로 볼 수 있다.

물론 _____ 하면 _____ _____ 등 문제가 발생할 수 있다. 이러한 문제를 해결하기 위해서 _____ _____ (으)면 될 것이다.

중심 문장 + 구체적인 근거 (2문장 이상)

결론

지금까지 _____에 대해서 살펴보았다.

내용 정리 및 자신의 의견 강조

08 감시

> **학습목표**
> 사회의 감시에 대해 자신의 의견을 제시하는 글을 쓸 수 있다.

🔍 여러분은 하루에 몇 번쯤 감시 카메라에 찍힌다고 생각하나요?

🔍 누군가로부터 감시를 받는다면 어떤 기분이 들까요?

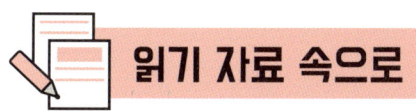 **읽기 자료 속으로**

1

현대인들은 아침부터 저녁까지 수많은 감시 속에서 살아간다. 한 연구에 의하면 우리는 보통 하루 평균 400번이 넘게 감시 장비에 노출된다고 한다. 예를 들어 아파트를 나서면서부터 엘리베이터, 아파트, 주차장에 설치된 CCTV, 차량용 블랙박스, 도로의 CCTV 등 셀 수 없이 많은 감시 장비들이 우리를 실시간으로 감시하고 있다.

그러면 이렇게 많은 장비들이 사회 구성원들을 감시하게 된 원인은 무엇일까? 그것은 바로 사람들이 복잡한 사회에서 벌어지는 여러 가지 사고, 갈등, 분쟁 등을 겪으면서 서로를 불신하게 되고 이를 해결하기 위해 감시에 의존하게 되었기 때문이다. 수많은 감시 장비에는 사회의 질서와 안전이 유지되기 바라는 사람들의 마음이 담겨 있는 것이다. 그러나 지나친 감시는 개인의 자유를 침해하는 등 여러 가지 부작용을 일으킬 수도 있기 때문에 신중한 판단이 필요하다.

1 우리는 보통 하루 평균 몇 번이나 감시 장비에 노출되고 있습니까?

_____

_____

2 사람들이 각종 감시 장비에 의존하게 된 이유는 무엇입니까?

_____

_____

2. 감시, 어떻게 볼 것인가

감시란 누군가를 단속하기 위해 자세히 살피는 행동을 말한다. 현재 사용 중인 감시 장비들의 종류와 감시하는 사회의 양면성에 대해 좀 더 구체적으로 알아보자.

CCTV를 비롯해서 GPS, 도청 장치는 대표적인 감시 도구들이다. 과학 기술의 발달로 인해 새롭게 등장한 CCTV는 기존의 기능에 AI 기능까지 더해져서 보다 정확하고 효과적으로 실시간 정보를 확인할 수 있다. 기존의 CCTV가 '눈'의 기능에 머물렀던 것과는 달리 인공 지능 감시 카메라는 99%의 정확도를 자랑할 뿐만 아니라 '귀'의 기능까지 더해져서 주변의 소리도 바로 인식할 수 있기 때문이다.

GPS(위치 추적기)는 실시간으로 사람의 이동 경로를 확인할 수 있는 장치이다. 바이러스에 노출된 사람들의 경로를 추적해서 위험한 곳에 대한 정보를 실시간으로 알리는 애플리케이션(application)이 만들어졌는데, GPS 기술을 바탕으로 만들어진 대표적인 예이다. 그런데 사람들이 사용하는 스마트폰이야말로 온갖 감시 기능을 갖춘 도구라고 할 수 있다. 통화, 쇼핑, SNS, 금융 거래 등 우리가 스마트폰으로 하는 것들은 모두 실시간으로 정보화되고 있기 때문이다.

감시는 각종 테러나 범죄를 예방하고 자연 재해가 발생했을 때 신속하게 대처할 수 있도록 돕는다는 장점이 있다. 최근에는 환경 오염을 막기 위해 공장에서 배출하는 온실가스나 미세 먼지의 양을 실시간으로 감시할 수 있는 장비를 도입했는데 이것도 좋은 점이라고 할 수 있다. 무엇보다 COVID-19 확진자 동선 애플리케이션처럼 환자를 신속하게 찾아내서 치료하고 바이러스 확산을 예방하는 기능은 매우 중요하다고 볼 수 있다.

반면에 감시 도구가 잘못 활용되거나 노출되면 사생활 침해나 범죄로 이어질 가능성이 있다. 예를 들어 안면 인식 CCTV는 모든 개인 정보를 단 한 번에 인식할 수 있고, QR코드에는 개인 금융 정보가 다 들어있다. 또한 기업이 수집하고 있는 고객 정보 '빅 데이터'는 개인의 성향, 취미 등에 대한 정보가 체계적으로 분석되어 있다. 끝으로 현재 여러 나라에서 시행하고 있는 국민 개인 정보 통합 시스템은 한 장의 카드에 신분증, 여권 등 모든 개인 정보가 담겨있기 때문에 국가·사회적인 감시와 통제 기능을 할 수 있다.

이처럼 사회의 감시는 우리에게 유익한 면도 있지만 그에 못지않게 감수해야 하는 위험도 있는 것이다.

 **내용 이해하기**

1 '감시'란 무엇입니까?

2 사회 감시 장점은 무엇입니까?

3 사회 감시 단점은 무엇입니까?

 **단계별 글쓰기**

📋 글쓰기 전 단계 : 친구들과 함께 정보를 찾고 토론하십시오.

　1) 현재 우리를 감시하고 있는 것들에는 무엇이 있는지 찾아보십시오.

　2) 만약 우리의 스마트폰이 범죄로 이용된다면 어떤 일들이 벌어질지 생각해 보십시오.

　3) 앞으로 사회의 감시가 강화되는 것에 대해 어떻게 생각하십니까? 이유도 함께 써 보십시오.

> **우리 팀은 사회의 감시가 강화되는 것에 대해 (찬성, 반대)합니다.**
>
> 그 이유는 두 가지가 있습니다.
> 첫째,
>
> 둘째,

　(4) 의견이 다른 두 팀씩 짝을 지어 토론하십시오.(비판, 반론하기)

> **주제** 사회가 감시를 더 강화하는 것에 찬성하는가, 반대하는가
>
> (1) 사회가 감시를 강화하는 것에 대해서 찬성하는가, 반대하는가?
>
> (2) 선택한 이유는 무엇인가? 두 가지 이상 쓰라.
>
> (3) 그것을 선택했을 때 발생할 수 있는 문제점과 해결책을 쓰라.

1 자료 모으기

(1) 사회가 감시를 강화하는 것에 대해서 찬성하는가, 반대하는가?

(2) 선택한 이유는 무엇인가? 두 가지 이상 쓰라.

(3) 그것을 선택했을 때 발생할 수 있는 문제점과 해결책을 쓰라.

2 문장으로 완성하기

(1) 사회가 감시를 강화하는 것에 대해서 찬성하는가, 반대하는가?

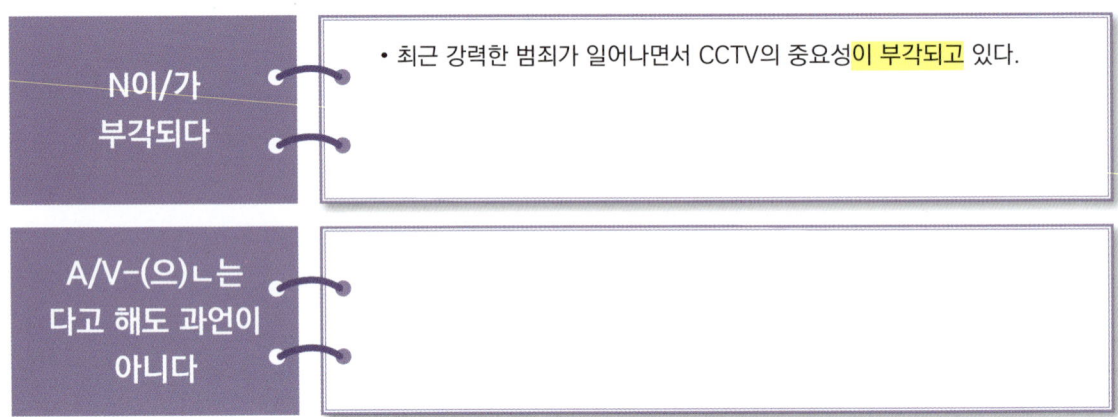

(2) 선택한 이유는 무엇인가? 두 가지 이상 쓰라.

(3) 선택한 것의 문제점과 해결할 수 있는 방법을 쓰라

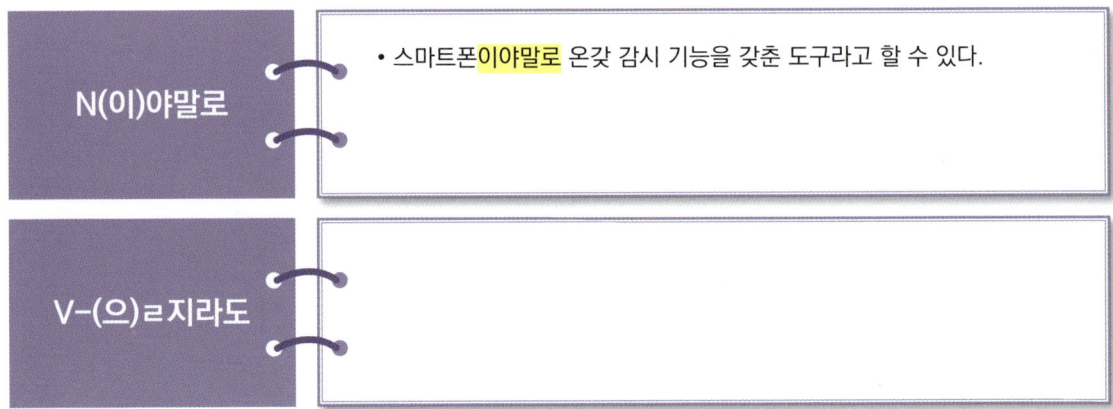

3 개요 짜기

서론

최근 _____이 부각되고 있다. 그런데 사회가 감시를 강화하는 것에 대해서는 찬성하는 사람이 있는 반면에 반대하는 사람들도 있다. 나는 이에 대해서 _____ _____한다.

본론

먼저 _____ 이유 중의 하나로 _____을/를 들 수 있다. 예를 들어, _____ _____.

또한 _____은/는 것도 하나의 이유로 볼 수 있다. _____.

물론 _____하면 _____, _____ 등 문제가 발생할 수 있다. 이러한 문제를 해결하기 위해서 _____ _____(으)면 될 것이다.

결론

지금까지 _____에 대해서 살펴보았다. _____은/는 것이 바람직하다고 생각한다.

4 글쓰기

500

600

700

의견

확인하기

과제를 모두 썼습니까?	사회의 감시에 대해 찬성, 반대 선택하기, 그 이유 두 가지, 그것을 선택했을 때 문제점과 해결책	☐
과제 연결이 자연스럽습니까?	과제1과 과제2(사회의 감시에 찬성하는 이유는 다음과 같다), 과제2와 과제3(물론 사회의 감시가 강화될 경우 문제가 있을 수도 있다.)	☐
설명의 방법을 잘 사용했습니까?	선택(찬성 또는 반대한다), 그 이유는	☐
내용을 풍부하게 썼습니까?	중심 문장(1개) + 뒷받침 문장(2개 이상)	☐
분량이 적절합니까?	고급 글이 되려면 500자 이상이 되어야 함.	☐

8과 어휘 다지기

한국어	영어	중국어	베트남어
사회 구성원	member of society	社会成员	thành viên trong xã hội
자유	freedom	自由	tự do
안면 인식	facial recognition	人脸识别	nhận diện gương mặt
분쟁	clash	纷争	phân tranh
양면성	double-sidedness	两面性	tính hai mặt
이동 경로	migration route	移动路径	tuyến đường di cư
자연 재해	natural disaster	自然灾害	thiên tai
빅 데이터	big data	大数据	dữ liệu lớn
사생활 침해	breach of privacy	侵犯私生活	xâm phạm đời tư
장비	equipment	装备	trang bị
기존	existing	既存	sẵn có
갈등	conflict	矛盾	mâu thuẫn
테러	terror	恐怖行动	sự khủng bố
인권 침해	violation of human rights	侵犯人权	vi phạm nhân quyền
위치 추적	location tracing	位置追踪	định vị
범죄	crime	犯罪	tội phạm
감시하다	watch over	监视	giám sát
경고하다	warn	警告	cảnh cáo
인식하다	recognize	认识	nhận dạng
노출되다	be exposed	曝光	bị lộ ra
불신하다	distrust	不信任	không tin tưởng15
단속하다	control	约束	kiểm soát
강화되다	be reinforced	强化	được củng cố
파괴되다	be destroyed	破坏	bị phá hủy
의존하다	depend on	依存	phụ thuộc vào
경계하다	look out	警戒	cảnh giác

1 다음을 읽고 ( ) 안에 알맞은 어휘를 〈보기〉에서 찾아 쓰십시오.

| 보기 | 감시 | 사회 구성원들 | 사생활 침해 | 테러 |

① 지나게 많은 CCTV 설치는 개인의 ( )이/가 될 수도 있다.

② CCTV, GPS는 물론 스마트폰도 ( ) 도구가 될 수 있다.

③ 감시를 통해 각종 ( )(이)나 범죄를 예방하고 만약의 경우 신속하게 대처할 수 있다.

④ ( ) 간의 갈등과 분쟁은 서로를 불신하게 만든다.

2 다음을 읽고 밑줄 친 부분과 비슷한 어휘를 〈보기〉에서 찾아 쓰십시오.

| 보기 | 감시하다 | 노출되다 | 인식하다 | 경계하다 |

① 인공 지능 감시 카메라는 물체의 움직임뿐만 아니라 소리까지 들을 수 있다고 한다.
 ( )

② 우리는 사회의 감시에 대해 조심할 필요가 있다.
 ( )

③ 사생활이 드러난다는 이유로 CCTV에 대해 부정적인 생각을 갖는 사람들도 있다.
 ( )

④ 하루에도 수백 번씩 누군가 우리를 몰래 살펴보고 있다면 깜짝 놀랄 것이다.
 ( )

논증하는
글쓰기 실전

🔍 다음 자료를 참고하여 봉사 활동에 대해 설명하는 글을 600~700자로 쓰십시오.

> 봉사 활동이란 국가나 사회 또는 남을 위하여 자신의 이익을 바라지 않고 하는 일을 말한다. 국가적으로 어려운 일이 있을 때마다 수많은 자원봉사자들이 기꺼이 나서서 희생과 봉사를 아끼지 않았기 때문에 사회가 원활하게 유지될 수 있었다. 아래 내용을 중심으로 봉사 활동에 대한 자신의 생각을 쓰라.
>
> (1) 사회에서 봉사 활동이 필요한 이유는 무엇인가?
> (2) 봉사 활동을 통해 느낄 수 있는 보람은 무엇인가?
> (3) 봉사 활동을 실천할 수 있는 방법은 무엇인가?

1 자료 모으기

(1) 사회에서 봉사 활동이 필요한 이유는 무엇인가?

_____

(2) 봉사 활동을 통해 느낄 수 있는 보람은 무엇인가?

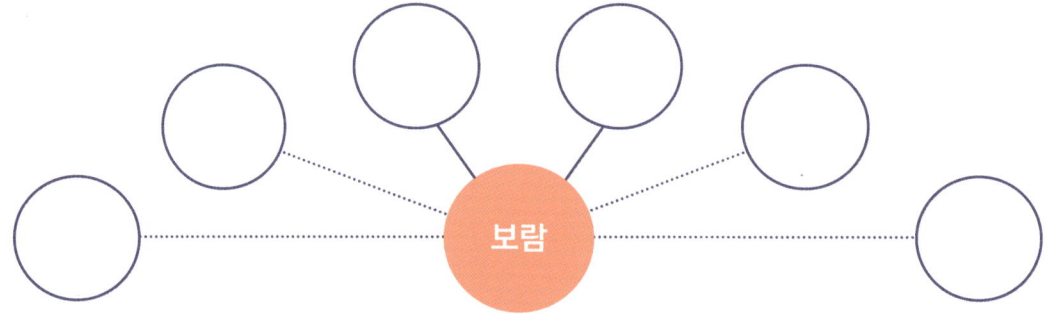

(3) 봉사 활동을 실천할 수 있는 방법은 무엇인가?

- ☑ _____
  _____
- ☑ _____
  _____

2 다양한 표현을 사용해서 문장으로 완성하기

(1) 사회에서 봉사 활동이 필요한 이유는 무엇인가?

V-다시피	

너나없이 모두	

(2) 봉사 활동을 통해 느낄 수 있는 보람은 무엇인가?

A/V-(으)ㄴ는다면	

N을/를 비롯해서	

(3) 봉사 활동을 실천할 수 있는 방법은 무엇인가?

A/V-(으)며	

여간 A/V-지 않다	

3 개요 짜기

문제 해결 중심 개요 짜기를 해 보세요.

도입

전개

마무리

4 글쓰기

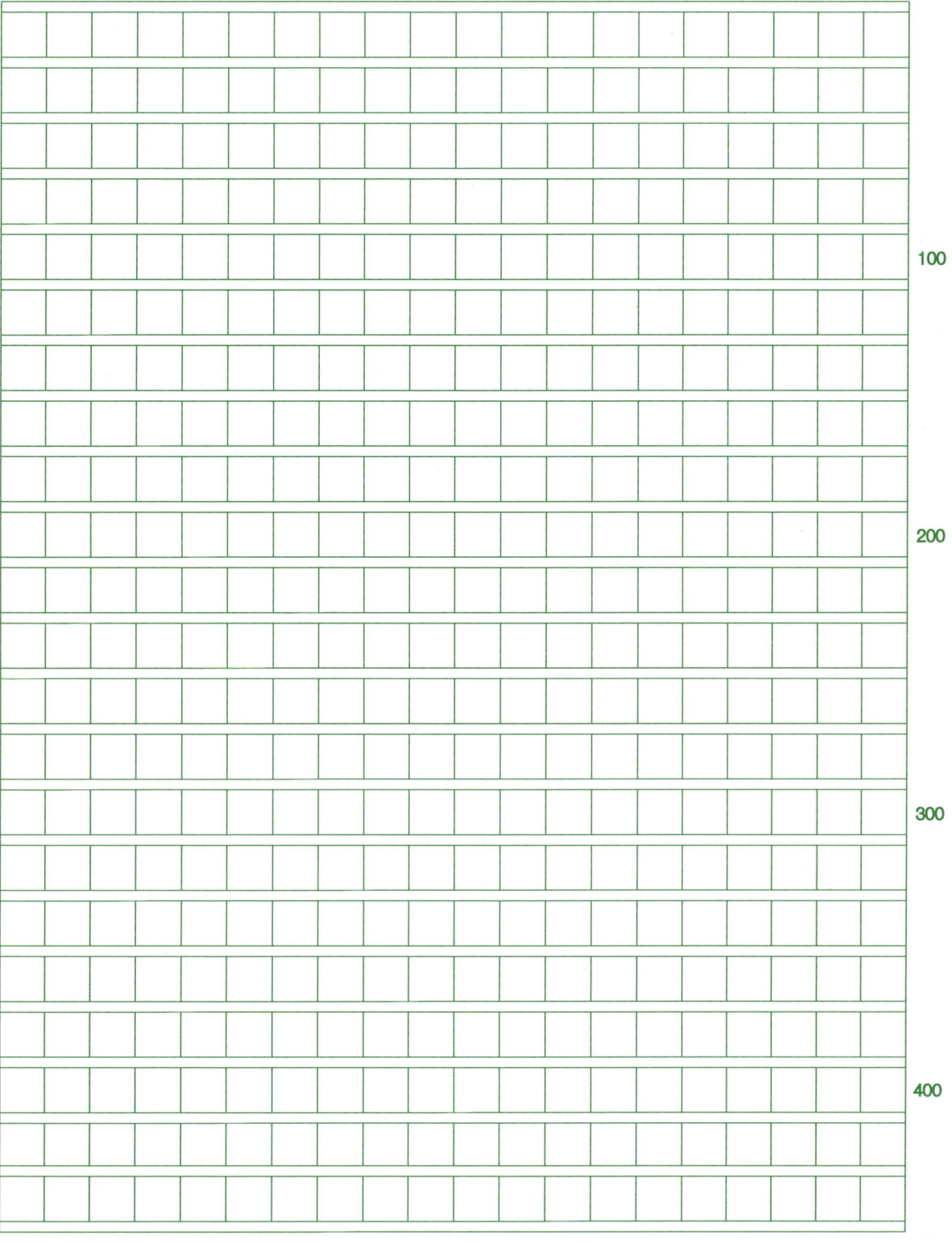

500

600

700

의견

확인하기

과제를 모두 썼습니까?	봉사 활동이 필요한 이유는?, 봉사 활동을 통해 느낄 수 있는 보람은?, 봉사 활동을 실천할 수 있는 방법은?	☐
과제 연결이 자연스럽습니까?	과제1과 과제2(봉사 활동을 하다 보면 다양한 보람을 느끼게 된다.) 과제2와 과제3(우리가 봉사 활동을 실천할 수 있는 방법은 여러 가지가 있다.)	☐
설명의 방법을 잘 사용했습니까?	해결책(해결하기 위해서는~아/어야 하다, ~는 것이 필요하다, ~는 것도 중요하다)	☐
내용을 풍부하게 썼습니까?	중심 문장(1개) + 뒷받침 문장(2개 이상)	☐
분량이 적절합니까?	고급 글이 되려면 500자 이상이 되어야 함.	☐

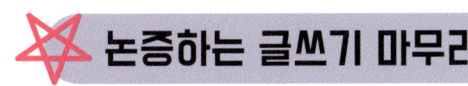 논증하는 글쓰기 마무리

글의 형식과 주요 표현에 주의하면서 복습해 보세요

고령화 사회란, 인구 중 노인이 차지하는 비율이 50% 이상인 사회를 말한다. 사회가 고령화됨에 따라 여러 가지 문제가 일어난다. '고령화 사회의 문제점과 고령화 사회를 준비하기 위한 방법'에 대한 글을 쓰라.

(1) 고령화 사회의 문제점은 무엇인가?
(2) 고령화 사회를 준비하기 위해 사회가 해야 할 일은 무엇인가?
(3) 고령화 사회에서 살기 위해 개인이 준비해야 할 일은 무엇인가?

고령화 사회로 접어드는 국가가 늘고 있는 가운데 사회 문제가 문제가 속출하고 있다. 일례로, 노인이 증가하는 것과는 달리 청년은 감소하고 있어서 노동력이 부족해지고 있다. 노동력이 부족하면 경제활동 인구도 감소하기 때문에 경제에 악영향을 끼치게 된다. 게다가 젊었을 때 자식 뒷바라지 하느라 노후 대책을 세우지 못한 노인들은 가난한 노년을 보내기 때문에 사회 문제가 될 수 있다.

국가는 고령화 사회로 진입하면서 야기되는 이러한 문제를 해결하기 위해 각종 대책을 세워야 한다. 먼저 고령화 사회가 되는 것을 늦추기 위해 출산 장려 정책을 적극적으로 시행해야 한다. 아동 보육시설을 늘리고 출산 휴가를 자유롭게 쓰게 하는 등 젊은이들이 마음 놓고 아이를 낳을 수 있도록 지원해야 한다. 또한 노인 빈곤 문제를 해결하기 위해 노인 일자리 창출을 위해 노력할 필요가 있다. 무엇보다 국민들이 건강한 노년을 보낼 수 있도록 각종 의료 혜택을 주어야 한다.

물론 고령화 사회를 대비하기 위해 개인도 철저히 준비해야 한다. 건강하고 풍요로운 노후를 위해 젊었을 때부터 운동을 하고 저축도 해야 한다. 소비와 지출의 균형을 맞추어 생활하면서 미래를 위해 저축하는 습관은 매우 중요하다고 볼 수 있다. 뿐만 아니라 퇴직 후에도 할 수 있는 일을 미리 배우거나 준비해야 한다. 노년에 하는 적당한 일은 개인 경제나 건강에 도움이 되기 때문이다.

보고서란 어떤 주제에 대하여 다른 사람에게 보고를 할 목적으로 쓴 글이나 서류를 말한다. 보고서의 종류에는 학습 보고서, 실험 보고서, 조사 보고서, 출장 보고서, 연구 보고서 등 여러 가지가 있다. 대학교에서 교수님이 학생들에게 부여하는 과제는 모두 보고서에 속한다고 볼 수 있다.

보고서는 형식이 명확하게 정해진 글이기 때문에 먼저 형식부터 제대로 익히는 것이 중요하다. 그러므로 3부에서는 보고서의 형식에서부터 내용 구성하는 방법까지 익히게 될 것이다.

설문 조사형 보고서 형식

서론	1. 조사의 필요성 및 목적 2. 조사 방법
본론	3. 조사 결과 분석 및 해석 4. 문제점 및 해결책
결론	조사 결과 정리 및 제언

설문 조사형 보고서 형식

서론	1. 주제 의미 2. 문제점 및 조사 목적
본론	3. 주제 관련 내용 　　(세부 조사 내용)
결론	4. 문제점 및 해결책

제3부

보고서 쓰기

- 유학생 생활 조사
- 공정 무역

설문 조사형 유학생 생활 조사 9

설문 조사형 보고서 쓰기 형식

서론

1. 조사의 필요성 및 목적

2. 조사 방법
   2.1. 설문 조사 대상
   2.2. 설문지 내용
   2.3. 설문 방법

본론

3. 조사 결과 분석 및 해석
   3.1. 첫 번째 주제에 대한 결과 및 분석
   3.2. 두 번째 주제에 대한 결과 및 분석
   3.3. 세 번째 주제에 대한 결과 및 분석

4. 문제점 및 해결책
   4.1. 첫 번째 주제에 대한 문제 해결 방법
   4.2. 두 번째 주제에 대한 문제 해결 방법
   4.3. 세 번째 주제에 대한 문제 해결 방법

결론

조사 결과 정리 및 제언

유학생 생활 조사

학습목표
외국인 학생들의 의식에 대한 조사를 하고
그 결과를 토대로 보고서를 쓸 수 있다.

🔍 여러분은 이성 친구를 사귄 적이 있나요?

🔍 시간이 있을 때 무엇을 하나요, 그 이유는 무엇인가요?

읽기 자료 속으로

1

교육의 세계화로 인해 글로벌한 환경에서 공부하는 유학생이 늘고 있다. 그들은 서로를 통해 다양한 문화를 접하고 지식과 교양을 쌓으며 세계화 시대에 맞는 인재로 발돋움할 수 있는 기회를 얻는다. 그러나  이들은 많은 어려움을 극복하고 치열한 경쟁 사회에서 살아남는 것은 결코 쉬운 일이 아니다.

특히 유학 생활을 하면서 겪게 되는 '외로움'은 이겨 내기 힘든 일 중의 하나이다. 유학생은 대학 생활을 시작하자마자 낯선 땅, 낯선 사람들 속에 말도 잘 통하지 않는 상황에 놓이게 된다. 그들은 아직 친구도 사귀기 전이고 고향의 부모님과 친구들도 멀리 떨어져 있기 때문에 외로움을 해소할 방법을 찾기 어렵다.

물론 각 대학마다 유학생을 위한 각종 프로그램을 통해 학교생활, 학업, 졸업 후 진로 등 유학생의 만족도를 높이기 위해 다양한 방면의 지원을 아끼지 않는다. 그러나 먼저 현재 그들의 의식과 생활 습관, 학습 방법, 요구 등에 대한 조사가 선행되어야 보다 질 좋은 서비스를 제공할 수 있을 것이다.

그러므로 유학생의 생활 실태를 확인하고 그들의 의식에 대해서 알아보는 것은 매우 중요한 일이라고 할 것이다.

1 글로벌한 환경에서 공부하는 학생들은 어떤 좋은 점이 있습니까?

2 유학생이 극복하기 어려운 일은 무엇이고, 그 이유는 무엇입니까?

제목: 유학생 생활 조사

과목명: 외국인을 위한 한국어 글쓰기

담당 교수: 윤남희

이름: 이 려

학과: 국제경영학과

학번: 2023000001

제출일: 2023년 9월 20일

목차

Ⅰ. 서 론
1. 조사의 필요성 및 목적
2. 조사 방법
2.1. 설문 대상 및 방법
2.2. 설문지 내용

Ⅱ. 본 론
3. 유학생 생활 실태 분석
3.1. 유학생 여가 시간 활용 현황
3.2. 유학생 생활 습관 현황
3.3. 유학생 학습 현황
4. 문제점 및 해결책
4.1. 여가 시간 활용 문제 해결 방법
4.2. 생활 문제 해결 방법
4.3. 학습 문제 해결 방법

Ⅲ. 결 론

Ⅳ. 참고 문헌

I. 서 론

1. 조사의 필요성 및 목적

우리 대학은 현재 외국인 유학생이 2,000명에 달하고 그 중에서 중국 유학생이 50% 이상을 차지하고 있다. 이에 따라 중국인 유학생들의 생활과 학습 현황을 알아볼 필요성이 있다고 본다. 이 조사를 통해 중국 학생들의 성공적인 유학 생활을 돕기 위한 자료를 만들거나 특강을 하는 데 도움을 주는 것을 목적으로 한다.

2. 조사 방법

2.1. 설문 대상 및 방법

본 조사를 위해서 중국인 유학생 남녀 100명을 대상으로 설문 조사했다.

조사에 참여한 학생들은 현재 대학에 재학 중인 1~2학년이고 학과는 다양하다. 팀원들이 직접 유학생 기숙사를 돌면서 대면 설문을 실시하고 필요하면 인터뷰도 진행했다.

2.2. 설문지 내용

〈중국 유학생 설문 조사---1 여가 시간 활용〉

1. 학과, 학년, 성별을 체크해 주십시오.

    (   )학과, (   )학년, (남·여)

2. 현재 여가 시간을 잘 활용하고 있다고 생각하십니까?

    ① 그렇다   ② 아니다

3. 위의 질문에 ②를 선택한 이유는 무엇이라고 생각합니까?

    ① 한국어 능력 부족 ② 활동에 대한 관심 부족 ③ 경제적 능력과 시간 부족

    ④ 내성적인 성격   ⑤ 기타(   )

〈중국 유학생 설문 조사---2 생활 습관〉

1. 건강의 중요성을 느끼고 관리하고 있습니까?

① 매우 그렇다　　② 그렇다　　③ 보통이다　　④ 그렇지 않다

2. 규칙적인 식생활을 하고 있습니까?

① 매우 그렇다　　② 그렇다　　③ 보통이다　　④ 그렇지 않다

3. 흡연을 하십니까?

① 그렇다　　② 아니다

4. ①을 선택하신 분은 흡연 양이 어느 정도입니까?

① 1주일에 10개비 이하　　② 1주일에 10-20개비　　③ 1주일에 한 갑 이상

5. 음주를 하십니까?

① 그렇다　　② 아니다

6. ①을 선택하신 분은 음주 회수가 어느 정도 되십니까?

① 1주일에 3번 이하　　② 1주일에 3-5번　　③ 1주일에 5번 이상

7. 일주일에 몇 번쯤 운동을 하십니까?

① 매일　　② 3-4번　　③ 2-3번　　④ 거의 하지 않는다

〈중국 유학생 설문 조사---3 학습 유형〉

1. 다음 중에서 자신의 학습 유형은 무엇입니까?

① 주도적으로 학습한다　　　　② 수동적으로 학습한다

③ 수업 시간 외에는 별로 공부하지 않는다　④ 수업 시간 외에는 전혀 공부하지 않는다

2. 학교 수업 외에 스스로 공부하는 시간은 몇 시간쯤 됩니까? (④를 선택하신 분을 제외하고 답해 주십시오.)

① 1시간 이하　　② 1-2시간　　③ 2-3시간　　④ 3시간 이상

II. 본 론

3. 유학생 생활 실태 분석

3.1. 유학생 여가 시간 활용 현황

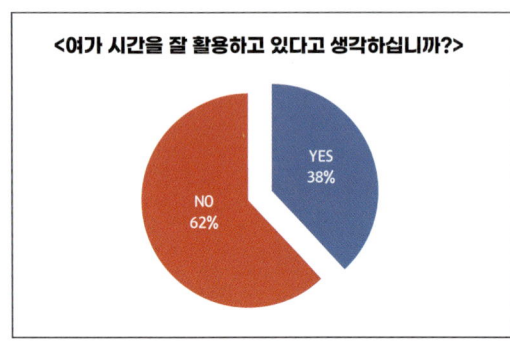
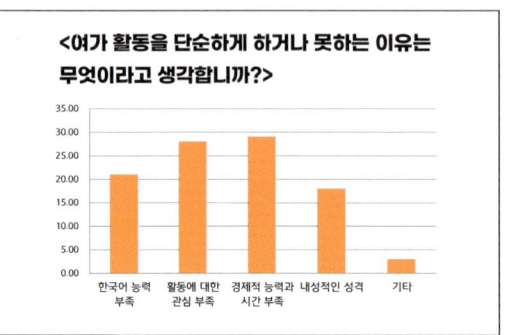

먼저 설문 조사를 통해 중국 유학생의 여가 시간 활용에 대한 만족도를 조사했다. 위의 도표에서 보는 바와 같이 '현재 여가 시간을 잘 활용하고 있다고 생각하십니까?'라는 질문에 부정적인 대답이 무려 62%에 달한 것으로 나타났다. 이러한 문제점의 원인을 찾기 위해서 유학생들이 여가 시간을 활용하지 못하는 이유와 여가 시간에 하는 일이 단순한 원인이 무엇인지 조사하였다. 그 결과 경제적인 능력과 시간 부족, 여가 활동 자체에 대한 관심 부족, 한국어 능력이 부족해서라는 순으로 응답했다.

3.2. 유학생 생활 습관 현황

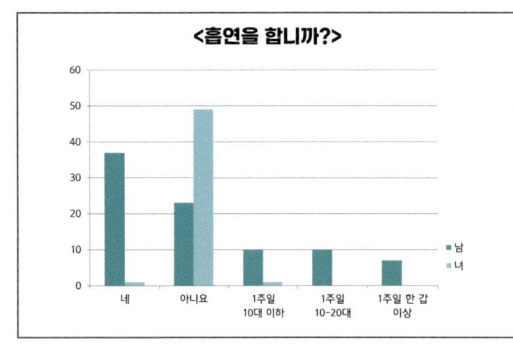
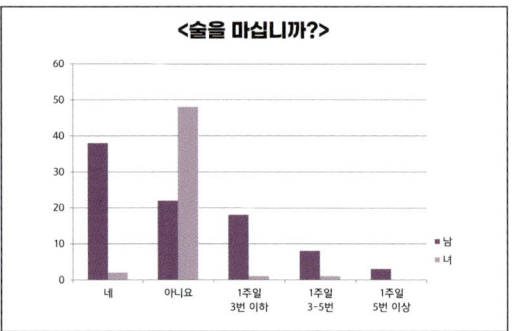

유학생들의 생활 실태를 파악하고자 먼저 건강을 얼마나 중요하게 생각하는지에 대한 설문 조사를 실시했는데 여자는 건강에 대한 관심이 많고 신경을 많이 쓰는 데에 비해 남자는

건강에 대한 중요성을 느끼지 못하고 있는 것으로 드러났다. 또한 현재 규칙적인 식생활을 하고 있느냐는 질문에 남녀 45%가량이 불규칙적인 식습관을 갖고 있다고 응답한 것으로 보아 유학생들의 식습관에 문제가 있는 것으로 드러났다.

흡연과 음주도 유학생들의 건강과 직결되기 때문에 그에 대한 질문을 했다. 위의 표에서 보는 바와 같이 여학생들은 흡연과 음주를 거의 하지 않는다고 응답한 것과는 달리 남학생들은 흡연과 음주에 심각하게 노출되어 있는 것을 알 수 있다. 또한 일주일에 몇 번 운동하느냐는 물음에 매일 운동한다는 학생들은 거의 없고 일주일에 한두 번 한다는 학생들이 6% 정도 되었다. 특히 여학생들은 거의 운동을 하지 않는 것으로 분석되었다. 이러한 문제점을 해결하기 위해서 건강하고 모범적인 생활을 하고 있는 세 명의 학생들과 인터뷰를 진행하고 해결책에 대한 도움을 얻었는데 그 결과는 다음 장에서 서술할 것이다.

3.3. 유학생 학습 현황

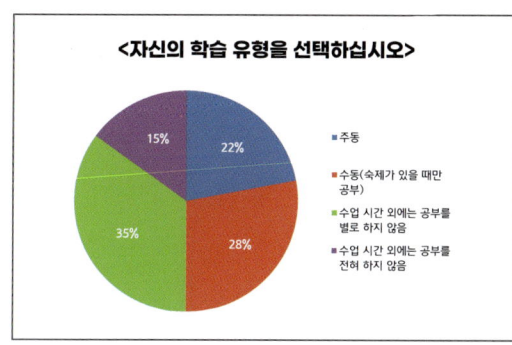
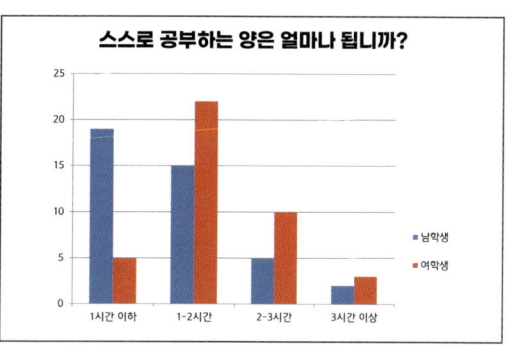

유학생들이 자기 주도 학습을 얼마나 잘하고 있는지에 대해 알아보고자 설문을 실시했다. 먼저 전반적인 학습 유형을 알아보려고 '자신의 학습 유형은 무엇입니까'라고 질문했는데 그래프에서 보는 바는 같이 35%의 유학생들은 수업 시간 외에는 별로 공부하지 않는다는 것을 알 수 있다. 뿐만 아니라 공부를 하더라도 스스로 계획을 세우고 실천하는 자기 주도 학습을 하고 있는 학생들은 22%에 불과했다. 이는 현재 유학생들의 학습 태도에 문제가 있다는 것을 명확하게 보여주는 결과이다.

또한 학생들의 평균 학습 시간에 대해 알아보고자 '하루에 몇 시간쯤 공부합니까?'라고 물었더니 그래프에서 보는 바와 같이 42%의 학생들이 1-2시간만 공부한다고 응답했다. 여학생의 공부 시간이 하루 평균 1-2시간인 것과는 달리 남자는 1시간 이하로 공부한다는 경우가 가장 많았다.

4. 문제점 및 해결책
4. 1. 여가 생활 활용 문제 해결 방법

유학생들의 여가 생활 활용 문제에 대한 해결책을 찾고자 현재 학업뿐만 아니라 다양한 여가 활동을 하고 있는 학생들을 상대로 인터뷰를 실시했다. 그들은 우선 자신의 취미를 파악하고 꾸준히 활동하는 것을 선호하고 있었다. 또한 학교에서 다양하게 제공하고 있는 자기 계발 프로그램에 참가하거나 각종 대회에 참가하는 등 남는 시간을 실력 향상을 위해 투자하고 있다는 것을 알 수 있었다. 주목할 만한 것은 인턴십이나 아르바이트를 통해 한국어 말하기 능력을 키우고 있다는 것이다. 끝으로 다양한 사회 봉사 활동에 참가하면서 학교 안에서는 볼 수 없는 새로운 세상을 알아가고 있었다.

이러한 결과를 통해서 볼 때, 여가 시간을 적극적으로 활용하는 것이야말로 유학 생활을 잘하는 길임을 알 수 있다.

4.2. 생활 문제 해결 방법

평소 모범적인 유학 생활을 하고 있는 학생들은 유학생들의 불규칙적인 생활과 잘못된 생활 습관을 개선하기 위한 방법으로 가장 중요한 것은 아침 먹기 및 금연·금주에 대한 인식 변화라고 말했다. 그들은 유학생 대표 등으로 구성된 홍보단을 만들어 아침 먹기 및 금연·금주에 대한 캠페인을 실시하고 실제로 금연·금주에 성공한 학생들에게 선물을 주자는 아이디어를 제시했다.

또한 많은 남학생들이 야간에 인터넷 게임을 하느라고 늦잠을 자고 아침 수업을 못 듣는 경우가 비일비재하다. 따라서 인터넷 시간을 새벽 1시까지로 규정하고 야간 인터넷 자습실을 별도로 운영하면 좋을 것 같다는 의견을 제시했다. 그러면 과제 때문에 인터넷을 사용해야 하는 학생들의 고민도 해결되고 밤늦도록 게임하는 학생들의 수가 감소될 것이기 때문이다.

4.3. 학습 문제 해결 방법

본 설문 조사 결과를 보면 유학생들의 자기 주도 학습 시간이 매우 부족하다는 것을 알 수 있다. 이렇게 학습에 대한 열의가 부족한 이유를 알아보고자 하루에 가장 많은 시간을 투자하는 것이 무엇인지에 대해 물었는데 여학생들은 쇼핑하는 시간, 남학생들은 게임하는 시간이라고 응답했다. 또한 남학생들은 여학생들에 비해 학습 계획 수립에 대한 인식도 낮은 것으로 나타났다. 이와는 달리 여학생들은 학습 계획 수립에 대한 인식은 높았는데 목표를 지나치게 높게 설정한 탓에 중도에 포기하게 되는 경우가 많다고 응답했다. 이것으로 보아 남녀 모두 주도 학습을 위한 목표와 계획 수립이 미숙하다는 것을 알 수 있다.

본고는 이러한 학생들의 문제점을 해결하기 위한 가장 좋은 해결책으로 학습 동기를 부여해야 한다는 것을 제언한다. 현재 우리 대학은 각종 장학금이나 다양한 프로그램으로 학생들의 학습 동기를 부여하고 있는데 이에 발맞춰 교수님들도 학생들의 흥미를 유발할 수 있는 다양한 교수법을 개발하는 것도 중요하다고 본다.

Ⅲ. 결 론

본 조사는 중국 유학생들의 생활 실태와 학습 유형을 분석해서 향우 성공적인 대학 생활을 하기 위한 방안을 마련하고자 실시하였다. 2019년 기준 한국에서 유학하는 외국인 유학생이 16만 명이 넘었다고 한다.[1] 이제는 중국뿐만 아니라 전 세계의 많은 학생들이 한국에 와서 유학하고 있다.

성공적인 유학 생활을 통해 글로벌한 인재가 되려면 무엇보다 한국 생활에 잘 적응해야 한다. 어린 나이에 갑자기 부모를 떠나 낯선 나라에서 공부한다는 것은 결코 쉬운 일이 아니기 때문이다. 그러므로 바른 생활 습관을 갖고 여가 시간을 잘 활용해서 알차게 생활해야 한다. 또한 자기 주도적인 학습을 하려면 학습 계획 수립부터 실천 방법 및 평가까지 체계적으로 관리하는 방법을 익혀야 한다. 이를 위해 학교·교수·학생들의 유기적인 노력이 필요할 것이다.

Ⅳ. 참고 문헌

교육부·한국교육개발원, 「2019 교육기본통계」, 2019.8.29.

---

[1] 교육부·한국교육개발원, 「2019 교육기본통계」, 2019.8.29.

 **내용 이해하기**

1 이 보고서의 조사 대상과 목적은 무엇입니까?

2 유학생들이 여가 시간을 잘 활용하지 못하는 이유를 순서대로 쓰십시오.

3 유학생들의 음주와 흡연 실태는 어떻습니까?

4 유학생들의 학습 유형을 순서대로 쓰십시오.

 **단계별 글쓰기**

1 주제 선정하기

다음에 제시된 주제 중에서 관심 있는 것을 고르십시오.

여러 가지 주제	선정한 주제
• 외국인 유학생 아르바이트 실태 • 유학 생활 만족도 조사 • 듣고 싶은 수업 • 대학 졸업 후 진로 조사 • 연애 및 결혼관 • 기타	

2 자료 모으기

예: 외국인 유학생 아르바이트 실태

학비, 돈, 공부, 시간 부족, 월급, 치킨 집, 식당, 사장님------

선정한 주제:

3 개요 짜기

예: 외국인 유학생 아르바이트 실태

서론
1. 조사의 필요성 및 목적
2. 조사 방법
   2.1. 설문 대상 및 방법
   2.2. 설문지 내용

본론
3. 유학생 아르바이트 실태 분석
   3.1. 아르바이트 이유
   3.2. 아르바이트 장소 및 시간
4. 문제점 및 해결책
   4.1. 아르바이트의 긍정적인 면과 부정적인 면
   4.2. 부정적인 면에 대한 해결책

결론

선정한 주제:

서론
1. 조사의 필요성 및 목적
2. 조사 방법
   2.1. 설문 대상 및 방법
   2.2. 설문지 내용

본론

결론

4 설문지 만들기

예: 외국인 유학생 아르바이트 실태

1. 학과, 학년, 성별을 체크해 주십시오.
   (   )학과, (   )학년, (남·여)
2. 현재 아르바이트를 하고 있습니까?
   ① 네   ② 아니오
3. 위의 질문에 ②를 선택한 이유는 무엇입니까?
   ① 학비   ② 용돈   ③ 데이트 비용   ④ 부모님께 보내 드림   ⑤ 기타(   )
4. 아르바이트 장소를 선택하십시오.
   ① 식당   ② 커피숍   ③ 치킨 집   ④ 편의점   ⑤ 기타(   )
5. 하루 평균 아르바이트 시간은 얼마나 됩니까?
   ① 1~2시간   ② 2~3시간   ③ 3~4시간   ④ 4시간 이상
6. 아르바이트의 긍정적인 점은 무엇이라고 생각합니까?
   ① 경제적인 안정   ② 경험   ③ 한국말 공부에 도움   ④ 기타(   )
7. 아르바이트의 부정적인 면은 무엇이라고 생각합니까?
   ① 공부할 시간이 부족하다   ② 한국말을 못해서 스트레스를 받는다
   ③ 시급이 너무 적다   ④ 기타(   )

선정한 주제:

5 설문 및 자료 분석(그래프 그리기)

6 단계별 담화 표현

서론

1. **조사의 필요성 및 목적**
   본 조사는 _____ 을/를 목적으로 실시했다.
2. **조사 방법**
   2.1. **설문 대상 및 방법**
   본 설문은 외국인 유학생 _____ 명을 대상으로 조사했다.
   설문 방법은 (스마트폰, 대면, 인터뷰)으로 이루어졌다.
   2.2. **설문지 내용**

본론

3. **유학생 아르바이트 실태 분석**
   3.1. **아르바이트 이유**
   우선 아르바이트를 하는 첫 번째 이유로는 _____ 을/를 들었다.
   다음은 _____, _____, _____ 순으로 나타났다.
   기타 의견으로는 _____, _____ 등이 있었다.
   3.2. **아르바이트의 장소 및 시간**
4. **문제점 및 해결책**
   4.1. **아르바이트의 긍정적인 면과 부정적인 면**
   A/V-(으)ㄴ는데에 비해
   반면에
   이와는 달리
   4.2. **부정적인 면에 대한 해결책**
   이러한 문제점을 해결하기 위한 해결책은 다음과 같다.

결론

지금까지 아르바이트에 대해서 조사했다. 이 조사를 통해서 _____
_____ 을/를 알 수 있었다.

6 글쓰기

제목: 유학생 생활 조사

과목명: _____

담당 교수: _____

이름: _____

학과: _____

학번: _____

제출일: _____

목차

I. 서 론
1. 조사의 필요성 및 목적
2. 조사 방법
2.1. 설문 대상 및 방법
2.2. 설문지 내용

II. 본 론
3.
3.1.

3.2.

4. 문제점 및 해결책
4.1.

4.2.

III. 결 론

IV. 참고 문헌

I. 서 론

1. 조사의 필요성 및 목적

2. 조사 방법

2.1. 설문 대상 및 방법

2.1. 설문 대상 및 방법

II. 본 론

3.

3.1.

3.2.

4. 문제점 및 해결책

4.1.

4.2.

III. 결 론

IV. 참고 문헌

9과 어휘 다지기

한국어	영어	중국어	베트남어
선의의 경쟁	competition in good faith	善意的竞争	cạnh tranh lành mạnh
외로움	loneliness	孤独	nỗi cô đơn
심리적 부담	psychological burden	心理负担	áp lực tinh thần
설문 조사	take a survey	问卷调查	khảo sát
만족도	level of satisfaction	满意度	độ hài lòng
자기 개발	self-development	自我开发	sự phát triển bản thân
세계화	globalization	世界化	toàn cầu hóa
인턴십	internship	实习	thử việc
실태	reality	实态	thực trạng
해결책	solution	解决方案	giải pháp
모범적	exemplary	模范的	kiểu mẫu
급증	sharp rising	骤增	tăng gấp
발돋움하다	step up	踮起脚尖	trở thành
차지하다	occupy	占据	chiếm
응답하다	respond	应答	trả lời
파악하다	figure out	掌握	nắm bắt
실천하다	practice	实践	thực hiện
교양을 쌓다	become cultured	积累素养	nâng cao văn hóa
극복하다	overcome	克服	vượt qua
해소하다	relieve	解决	giải tỏa
개선하다	improve	改善	cải thiện
나타나다	appear	出现	xuất hiện
선호하다	prefer	偏好	yêu thích
드러나다	come to light	显露	thể hiện
낯설다	unfamiliar	面生	xa lạ
명확하다	clear	明确	rõ ràng

1 다음을 읽고 ( ) 안에 알맞은 어휘를 <보기>에서 찾아 쓰십시오.

보기	급증	설문 조사	세계화	심리적 부담

① 유학생들의 여가 시간 활용 실태에 대해 (　　　)한 결과 게임을 한다는 대답이 1위를 차지했다.

② 교육의 (　　　)(으)로 인해 글로벌 환경에서 공부하는 학생들이 늘고 있다.

③ 최근 대학마다 유학생 수가 (　　　)함에 따라 그에 따른 대책을 세우고 있다.

④ 요즘 학생들은 학업과 아르바이트를 병행해야 해서 (　　　)이/가 크다.

2 다음을 읽고 밑줄 친 부분과 비슷한 어휘를 <보기>에서 찾아 쓰십시오.

보기	선호하다	해소하다	파악하다	개선하다

① 유학생들을 돕기 위해서는 먼저 그들의 생활부터 <u>이해해야</u> 한다.
 (　　　　)

② 유학생들은 스트레스를 <u>없애기</u> 위해 게임을 하는 경우가 많다고 한다.
 (　　　　)

③ 유학생들이 가장 <u>좋아하는</u> 여가 활동은 취미관련 활동으로 나타났다.
 (　　　　)

④ 불규칙적인 생활 습관을 <u>바르게 고쳐야</u> 건강하게 생활할 수 있다.
 (　　　　)

자료 조사형
공정 무역 10

자료 조사형 보고서 쓰기 형식

서론

1. 주제의 의미

2. 문제점 및 조사 목적

본론

3. 주제 관련 내용
   3.1. 첫 번째 조사 내용
   3.2. 두 번째 조사 내용
   3.3. 세 번째 조사 내용

4. 문제점 및 해결책 제시
   4.1. 문제점
   4.2. 해결책

결론

조사 결과 정리 및 제언

10 공정 무역

학습목표
공정 무역이란 무엇이고 공정 무역이 필요한 이유와 방법에 대한 보고서를 쓸 수 있다.

🔍 커피 한 잔의 원가는 얼마나 될까요?

🔍 혹시 불공평한 일을 겪은 적이 있나요?

읽기 자료 속으로

1

우리가 살고 있는 지구의 한 쪽에서는 과식 때문에 생긴 질병으로 수많은 사람이 죽어가고 있는 반면에 한 쪽에서는 1억 명이 넘는 사람들이 굶어 죽어가고 있다. 유엔은 현재 전 세계적으로 8억 명 이상이 기아에 시달리고 있는데 전 세계 인구 9명 당 1명이 배고픔으로 고통당하고 있다고 발표했다. 더 나아가 연구자들에 의하면 앞으로 몇 년 후에는 2억 명이 넘는 사람들이 기아로 죽을 수 있다고 한다.

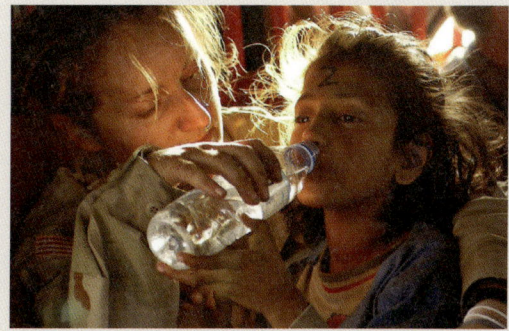

이렇게 불공평하고 불행한 일은 어린이들의 교육과 의료에서도 나타난다. 매년 6월 12일은 '세계 아동노동 반대의 날'인데 현재 전 세계적으로 교육 대신 노동에 시달리고 있는 어린이가 15억 8628만여 명이나 된다고 한다. 이들은 빠르면 5살부터 열악한 환경에서 노동에 시달리는데 하루에 2000~3000원의 돈을 받아 가족을 부양해야 한다. 또한 질병에 걸려도 제대로 치료를 받지 못하고 평생 병원을 한 번도 못 가 보고 사망하는 경우도 비일비재하다.

이렇게 지구 한 편에서는 풍족하고 여유로움이 넘치는데 한 편에서는 당장 먹을 음식조차 없어서 굶어 죽는 사람들이 늘어나고 있는 이유는 무엇일까?

1 유엔이 발표한 자료에 의하면 현재 기아 인구는 얼마나 됩니까?

_____

_____

2 '세계 아동노동 반대의 날'이 제정된 이유는 무엇일지 생각해 봅시다.

_____

_____

2 착한 커피 한 잔에 담긴 비밀

　요즘 유명한 커피숍에서 마시는 커피 한 잔 값이면 간단하게 점심을 해결할 수 있다. 혹시 여러분도 점심은 4천 원짜리 학식을 먹고 커피는 5천 원짜리를 마시고 있지 않는가? 우리가 마시는 커피 한 잔에도 많은 의미가 있고 어떤 커피를 마시느냐에 따라 가난과 굶주림에 시달리는 사람들에게 희망을 줄 수 있다.

　전 세계인들의 기호 식품으로 사랑을 받고 있는 커피의 연간 매출액은 7500조가 넘는다. 그리고 이러한 소비를 감당하기 위해 커피 농장에서 피땀 흘려 가며 일하는 사람들은 아프리카를 중심으로 3500만쯤 되는데 그들에게 돌아가는 이익은 겨우 3%밖에 안 된다고 한다. 좀 더 구체적으로 말하면 우리가 커피 한 잔을 마실 때마다 커피 생산자에게 돌아가는 돈은 한화 18원에 불과한 것이다.

　이것을 통해 커피 회사에서 커피 열매를 아주 싼 가격으로 산다는 것과 소비자들은 너무 비싼 값을 지불하고 있다는 것을 알 수 있다. 무엇보다 이러한 불공정한 거래로 인해서 커피를 생산하는 농민들은 빈곤에 시달릴 수밖에 없는데 심지어 커피 재배를 위해 지출한 비용보다 수익이 적을 때도 많다는 것은 큰 문제라고 할 수 있다.

　이렇게 불공정한 거래의 문제를 해결하기 위해 1980년대부터 커피 생산자가 생산비를 안정적으로 감당할 수 있을 정도로 이익을 보장하는 공정 무역이 시작되었다. 공정 무역이란, 생산자와 구매자 간의 혜택이 동등한 가운데 이루어지는 무역을 일컫는다. 다시 말해서 공정 무역 커피는 정당한 대가를 지불하고 무역이 이루어진 커피를 말하는 것이다. 현재는 73만 명이 넘는 커피 생산자들이 공정무역 커피 조합을 만들어 판매하고 있으며 우리 주변에서 '착한 커피'라고 알려진 커피가 바로 '공정 무역 커피'이다.

　공정 무역의 원칙 중에 눈에 띄는 것이 있는데 바로 '강제 노동 및 어린이의 노동을 금지'하는 것이다. 착한 커피 한 잔에는 강제노동자나 어린이 노동자들의 눈물이 들어있지 않다는 것만으로도 의미가 있다. 물론 공정 무역만으로 전 세계에서 벌어지고 있는 불공정과 부의 쏠림 현상을 해소할 수는 없다. 그러나 물 한 방울이 모여 강을 이루고 강물이 모여 바다를 이루는 것처럼 한 사람 한 사람의 작은 실천 하나가 세계를 움직이는 힘이 될 수 있다는 것을 잊지 말아야 한다.

 ## 내용 이해하기

1 커피 생산자들에게 돌아가는 이익은 몇 %이고 그것은 왜 문제가 됩니까?

　

2 커피가 불공정한 거래를 통해 유통된 원인은 무엇입니까?

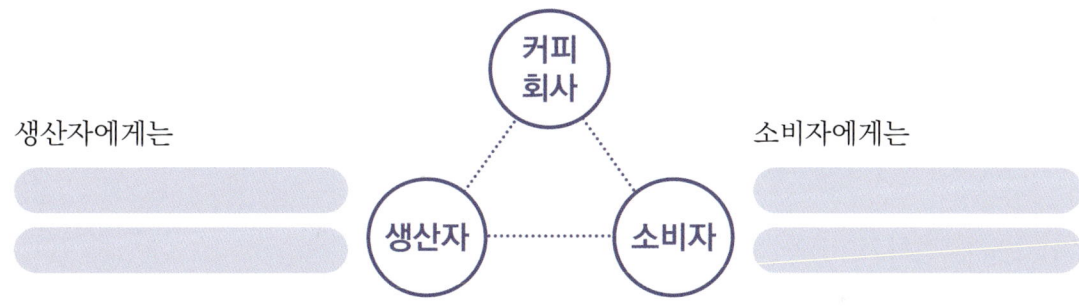

3 공정 무역이란 무엇입니까?

　

4 공정 무역 커피란 무엇입니까?

 단계별 글쓰기

1 주제 선정하기

공정 무역

2 자료 모으기

3 내용 선정하기

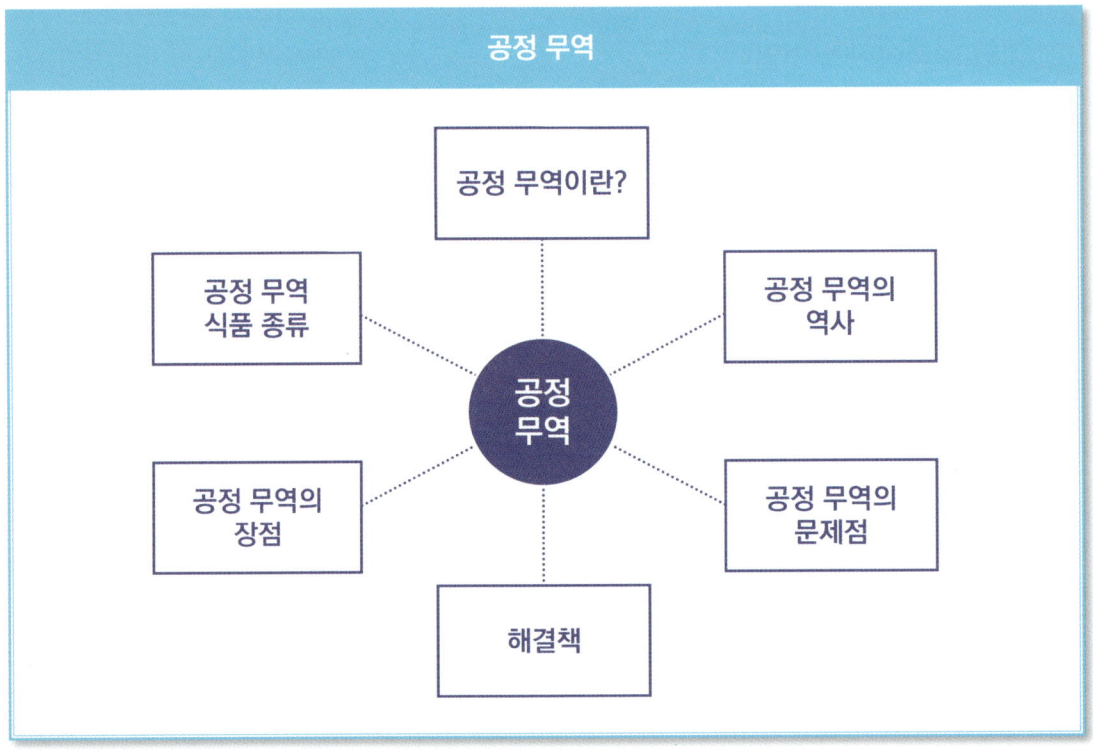

4 자료 조사하기

5 개요 짜기

서론
1. _____
2. _____
   2.1. _____
   2.2. _____

본론
3. _____
   3.1. _____
   3.2. _____
4. _____
   4.1. _____
   4.2. _____

결론
_____
_____

6 글쓰기

10과 어휘 다지기

한국어	영어	중국어	베트남어
지구	earth	地球	trái đất
질병	disease	疾病	bệnh tật
기아	famine	饥饿	nạn đói
기호 식품	favorite food	嗜好食品	thực phẩm ưa chuộng
매출액	sales	销售额	doanh thu
구체적	specific	具体的	cụ thể
소비자	consumer	消费者	người tiêu dùng
커피 열매	coffee beans	咖啡豆	quả cà phê
빈곤	poverty	贫困	đói nghèo
생산비	production costs	生产成本	phí sản xuất
공정 무역	fair-trade	公平贸易	thương mại công bằng
굶주림	hunger	饥饿	đói khát
연간	annual	年度，年间	trong 1 năm
생산자	producer	生产厂商	nhà sản xuất
농민	farmer	农民	nông dân
강제 노동	forced labor	强制劳动	lao động cưỡng chế
쏠림 현상	herd behaviour	倾斜现象	hiệu ứng bầy đàn
사망하다	die	死亡	thiệt mạng
지불하다	pay	支付	trả giá
재배하다	cultivate	栽培	trồng trọt
불공평하다	unfair	不公平	bất công
비일비재하다	commonplace	不是一次两次	chuyện thường xuyên
불공정하다	unjust	不公正	bất chính
고통당하다	suffer	遭受痛苦	đau đớn
풍족하다	affluent	富足	giàu có
불과하다	no more than	不超过	không quá
피땀 흘리다	sweat blood	呕心沥血	đổ mồ hôi nước mắt

1 다음을 읽고 ( ) 안에 알맞은 어휘를 〈보기〉에서 찾아 쓰십시오.

보기	생산자들	기아	공정 무역	지구

① 우리는 한 ( )에 살지만 풍족한 삶을 누리는 사람이 있는 반면에 빈곤에 시달리는 사람들도 있다.

② ( )(이)란 생산자와 구매자 간의 혜택이 동등한 가운데 이루어지는 무역을 일컫는다.

③ 지금 이 순간에도 ( )(으)로 목숨을 잃는 사람들이 많다.

④ 커피 ( )은/는 싼 값으로 파는데 소비자는 비싼 값에 커피를 마시고 있다.

2 다음을 읽고 밑줄 친 부분과 비슷한 어휘를 〈보기〉에서 찾아 쓰십시오.

보기	지불하다	비일비재하다	풍족하다	지배하다

① 가난한 사람들은 질병에 걸려도 치료받지 못하는 경우가 <u>흔하다</u>.
( )

② 지구 한 편에서는 <u>풍부하고 여유로움이 넘치는데</u> 한 편에서는 굶주리고 있다.
( )

③ 우리가 <u>내는</u> 커피 값에는 노동자들의 피땀이 담겨있다.
( )

④ 커피나무를 <u>기르는</u> 농민들에게 정당한 값을 지불하는 것은 당연한 일이다.
( )

부록

문장 표현의 예 ●

쓰기 모범 답안 ●

문장 표현의 예

		1과
1	N을/를 통해서	자존감은 어렸을 때부터 쌓은 경험을 통해서 형성된다.
2	V-(으)면서	어린이는 자라면서 부모의 영향을 받기 마련이다.
3	N에 비해	자존감이 낮은 사람은 자존감이 높은 사람에 비해 자기주장이 강하지 않다.
4	V-는 경우가 많다	자존감이 낮은 사람은 스스로를 비하하는 경우가 많다.
5	A/V-(으)려면	자존감을 높이려면 자신의 있는 모습 그대로를 인정하려고 노력해야 한다.
6	V-는 것이 중요하다	자신을 위해 요리를 하거나 선물을 사는 등 스스로를 소중히 여기는 것이 중요하다.

		2과
7	N(으)로 나눌 수 있다	온라인 문화는 오락, 교육, 정보 등으로 나누어 설명할 수 있다.
8	A-아/어지다	종이 신문을 읽는 사람보다 인터넷 뉴스를 보는 사람이 많아졌다.
9	A/V-(으)ㄴ는 반면에	원격 수업은 편리하게 수업을 들을 수 있는 반면에 집중도가 떨어진다는 문제점이 있다.
10	A/V-(으)ㄹ뿐만 아니라	유튜브를 통해 사생활 노출뿐만 아니라 거짓 정보를 퍼트릴 수 있기 때문에 조심해야 한다.
11	V-기 일쑤이다	온라인 게임이나 유튜브는 한 번 빠지면 쉽게 끊을 수 없어서 중독되기 일쑤이다.
12	N(으)로 인해(서)	온라인 문화로 인해서 새로운 일자리가 창출되기도 한다.

		3과
13	N 중에서 N(으)로 꼽다	대체 에너지 개발이 필요한 이유는 여러 가지가 있지만 그 **중에서** 온실가스 배출을 줄일 수 있다는 것을 가장 큰 이유**로 꼽을 수 있다**.
14	A/V-(으)ㄹ수록	화석 연료를 사용**할수록** 온실가스 배출량도 증가한다.
15	A/V-(으)ㄴ는데다(가)	신재생에너지는 친환경**인데다가** 자연에서 자원을 얻을 수 있다는 장점이 있다.
16	V-는 한	화석 연료 사용을 멈추지 **않는 한** 지구 온난화는 지속될 것이다.
17	A/V-기 때문에	온실가스는 지구에서 발생하는 에너지를 흡수해 공기층 밖으로 빠져나가지 못하도록 **막기 때문에** 지구 온난화를 유발시키는 주범이라고 할 수 있다.
18	A/V-(으)ㄴ는 편이다	아직까지는 친환경 에너지 생산량이 부족**한 편이다**.

		4과
19	V-(으)ㄹ 정도로	한국의 출산율은 초저출산 기준 1.3명에도 못 미칠 **정도로** 낮은 수치이다.
20	V-다 보면	출산율이 지속적으로 낮아지**다 보면** 국가는 큰 위기에 빠질 것이다.
21	A/V-(으)ㄹ 수밖에 없다	고령화 사회를 늦추기 위해서는 출산율을 높**일 수밖에 없다**.
22	A/V-지 않으면 안 되다	사회적 문제를 해결하기 위해서는 노인 가난 문제와 출산율을 높이는 정책을 동시에 시행하**지 않으면 안 된다**.
23	V-느라고	지금까지 양육을 하**느라고** 노후를 준비하지 못한 노인들은 가난하게 노후를 보내야 한다.

5과

24	N이/가 필요하다	미래에는 급변하는 사회에 적응할 수 있는 인재가 필요하다.
25	V-(으)ㄴ는 것 못지않게	21세기는 다양한 지식을 쌓는 것 못지않게 바른 세계관을 갖는 것도 중요하다.
26	A/V-았/었다면	과거에는 정보를 많이 보유하는 사람이 성공할 확률이 높았었다면 미래에는 이미 넘치는 정보를 분석하고 비판해서 자기 것으로 만들고 새로운 아이디어를 얻는 사람이 성공할 것이다.
27	N에 의해서	교사에 의해서 전달된 지식을 무조건 암기하는 교육에서 벗어나야 한다.
28	N을/를 막론하고	초·중·고 학생들을 막론하고 모든 청소년들은 독서를 통해 깊게 사고하는 훈련을 해야 한다.
29	V-기 나름이다	인재가 되고 못 되고는 자기하기 나름이다.

6과

30	V-도록	우리는 자기뿐만 아니라 주위 사람들도 행복해지도록 도와줘야 한다.
31	A/V-거니와	우리는 돈으로 원하는 물건을 살 수 있거니와 아플 때 걱정 없이 진료를 받을 수 있다.
32	V-(으)ㄹ 생각도 못하다	만약 돈이 없다면 병원에 갈 생각도 못할 것이다.
33	A/V-(으)ㄴ는 셈이다	행복과 돈은 밀접한 관계가 있는 셈이다.
34	A/V-(으)ㄹ까 봐	우리는 흔히 여행을 너무 자주 다니면 다른 사람들로부터 돈을 낭비한다는 소리를 들을까 봐 걱정한다.

7과

35	A/V-(으)며	AI 로봇은 기업의 생산성을 높여주며 인간을 심한 노동에서 벗어나게 해 줄 수 있기 때문에 긍정적으로 보는 시각이 있다.
36	V-(으)ㄹ 수 있다	빅 데이터를 통해 고객의 소비 성향과 취향을 분석할 수 있다.

37	A/V-(으)ㄴ는다고 해도	반려 로봇이나 로봇 예술가가 등장한다고 해도 동물이나 인간을 완벽하게 대체할 수 있을지 알 수 없다.
38	A/V-(으)ㄹ 리 만무하다	AI 예술 로봇이 개발된다고 해도 인간의 감정과 창의성을 뛰어넘을 리 만무하다.
39	V-다 보면	AI 로봇이 계속 발전하다 보면 인간을 위협하는 로봇이 생길 수도 있다.
40	A/V-(으)ㄴ는데도 불구하고	AI 로봇 발전에 대한 부정적인 시각이 있는데도 불구하고 개발을 멈추기는 어려울 것이다.

8과		
41	N이/가 부각되다	최근 강력한 범죄가 일어나면서 CCTV의 중요성이 부각되고 있다.
42	A/V-(으)ㄴ는다고 해도 과언이 아니다	우리는 몇 초에 한 번씩 감시에 노출된다고 해도 과언이 아니다.
43	A/V-았/었던 것과는 달리	감시 카메라가 없었을 때는 범죄자를 찾기가 매우 힘들었던 것과는 달리 오늘 날에는 CCTV 덕분에 범인 검거뿐만 아니라 범죄 예방까지 할 수 있게 되었다.
44	자칫 잘못하면	지나친 감시는 자칫 잘못하면 사생활 침해로 이어질 수 있다는 문제점이 있다.
45	N(이)야말로	스마트폰이야말로 온갖 감시 기능을 갖춘 도구라고 할 수 있다.
46	V-(으)ㄹ지라도	사회의 감시가 여러 문제를 유발시킬지라도 감시는 강화되어야 한다고 본다.

쓰기 모범 답안

1과 정의·대조·예시형

정의	도입	**자존감이란** 스스로 품위를 지키고 자기를 존중하는 마음을 **일컫는다**. 자존감은 경험을 통해서 발달해 간다. 이 글을 통해서 자존감에 대해서 알아보겠다.	자존감에 대한 정의로 글을 시작한다.
대조 예시 대조 대조	전개	**먼저** 자존감이 높은 사람은 자신의 있는 모습 그대로를 인정하고 사랑하는 특징이 있는 **반면에** 자존감이 낮은 사람들은 자신이 발견한 모습 중에서 부정적인 것들은 인정하지 않거나 비하하는 경향이 있다. **예를 들어**, 자존감이 낮은 사람은 자존감이 높은 사람에 **비해서** 자기 주장이 강하지 않다. **또한** 자존감이 높은 사람은 상황이나 다른 사람들의 말에 흔들리지 않**는 데에 반해** 자존감이 낮은 사람들은 외부 조건에 의해 영향을 받고 스트레스를 받는 경우가 많다.	대조 표현을 여러 번 써야하는 경우는 '반면에, -는데에 비해서, -는 데에 반해' 등 다양하게 표현하도록 한다.
단락과 단락을 연결해주는 담화 표현을 반드시 쓰도록 한다. 예시		**그러므로** 자존감을 높이기 위해서 **노력해야 한다**. 먼저 자신을 남과 비교하지 말고 자신을 있는 그대로 인정하는 것이 중요하다. **예컨대** 자신의 단점을 발견하더라도 그것을 단점으로 보지 말고 그것도 자신의 일부분이라고 생각해야 한다. **다음으로** 자신을 위해서 정성껏 요리를 하거나 선물을 사는 것도 좋은 방법이라고 할 수 있다. 자신을 위해 요리를 하거나 선물을 사는 행동은 스스로를 존중하고 인정하는 첫출발이기 때문이다.	단락을 구성할 때 문장과 문장이 긴밀하게 연결될 수 있도록 '먼저, 다음으로' 등의 표현을 쓰도록 한다.
글을 무난하게 마무리하는 방법	마무리	**지금까지** 자존감에 대해서 알아보았다. 자존감을 높일 수 있는 방법은 생각보다 쉽고 생활 속에서 충분히 찾을 수 있다는 것을 알 수 있다.	글 전체에 대해 간단히 마무리 하도록 한다.

2과 나열·비교·분류형

도입	온라인 문화의 예로 유튜브, 온라인 게임, 원격 수업 및 온라인 뉴스 등을 들 수 있다. 이것들은 다시 오락, 교육, 정보 등으로 나눌 수 있는데 다음과 같은 특징과 장·단점이 있다.	자존감에 대한 정의로 글을 시작한다.	분류
전개	먼저 주로 오락 기능을 하는 유튜브와 온라인 게임은 쌍방향 소통이 가능하고 재미와 흥미를 준다는 점에서 공통점이 있다. 반면에 유튜브는 오락뿐만 아니라 생활에 필요한 다양한 정보를 제공하고 누구나 손쉽게 콘텐츠를 만들 수 있는 데에 비해 온라인 게임은 게임 회사에서 제작해서 배포하는 형식을 취한다는 차이점이 있다. 다음으로 교육과 정보 전달의 기능을 하는 원격 수업과 인터넷 뉴스는 실시간으로 정보를 주고받거나 유익한 내용을 공유할 수 있다는 점에서 비슷하다. 그러나 원격 수업은 실시간으로 교사와 학생들의 상호 작용이 이루어지는 데에 반해 인터넷 뉴스는 실시간으로 올리는 글에 대해 댓글로 소통한다는 점에서 차이점이 있다. 이러한 온라인 문화는 장·단점이 있다. 쌍방향 소통이 가능하고 실시간으로 정보와 지식을 나눌 수 있다는 장점이 있는 반면에 온라인 게임이나 유튜브는 쉽게 중독되기 일쑤라서 한 번 빠지면 벗어나기 힘들다는 단점이 있다. 또한 가짜 뉴스 때문에 피해를 보는 사람들도 발생할 수 있다.	온라인 문화의 공통점과 차이점에 대해서 쓸 때 비교와 대조의 방법을 사용해서 쓰도록 한다. 온라인 문화의 장점과 단점에 대해서 쓸 때 '-는다는 장점(단점)이 있다'라는 표현을 사용하도록 한다.	비교 대조 비교 대조 장점과 단점 쓸 때 는 '~다는 장점이 있는 반면에 ~다는 단점이 있다'라는 대조 표현을 사용하면 자연스럽다.
마무리	이처럼 온라인 문화는 다양하게 나눌 수 있고 각각의 장·단점이 있기 때문에 올바른 수용이 필요하다.	글 전체에 대해 간단히 마무리하도록 한다.	이처럼, 이와 같이, 지금까지 살핀 바와 같이' 등을 사용해서 글을 마무리하도록 한다.

3과 통합형

도입 — 정의

대체 에너지란 석유나 석탄 같은 화석 에너지를 대체할 수 있는 에너지를 가리킨다. 대체 에너지 개발이 필요한 이유는 여러 가지가 있지만 그 중에서 온실가스 배출을 줄을 수 있다는 것을 가장 큰 이유로 꼽을 수 있다. 또한 화석 에너지의 고갈을 대비하기 위한 것도 이유 중 하나이다.

> 대체 에너지에 대한 정의로 시작한다.

> 여러 가지 이유를 들 때 '~가장 큰 이유로~~을/를 꼽을 수 있다. 또한 ~것도 이유 중 하나이다'라는 표현을 사용해서 글의 응집성을 높이도록 한다.

전개 — 분류, 예시, 비교, 대조, 예시, 나열

대체 에너지는 신에너지와 재생에너지로 나눌 수 있는데 공통점도 있고 차이점도 있다.

예를 들어 신에너지와 재생에너지는 친환경적인 데다가 자연에서 자원을 얻기 때문에 태양이 있는 한 얼마든지 재료를 공급받을 수 있다는 특징이 있다. 그러나 신재생에너지인 수소는 연소 과정에서 물 이외에는 아무 것도 배출하지 않기 때문에 친환경 에너지로 각광받고 있는 데에 비해 비용이 너무 비싸다는 단점이 있다.

대체 에너지는 아직 생산량이 부족하기 때문에 에너지를 절약해야 하는데 그 중에는 개인적으로 실천할 수 있는 일들도 많다. 일례로 대중교통 이용하기, 쓰지 않는 플러그 뽑아 놓기, 물건 아껴 쓰기, 쓰레기 분리수거 잘해서 배출하기 등 비교적 쉬운 것들이 있다. 특히 물건을 아끼거나 재활용하면 공장을 가동하기 위해 사용하는 연료를 덜 쓰게 된다. 그러면 자연스럽게 온실가스 배출량도 줄어들게 되고 환경도 지키는 효과를 볼 수 있다.

> 다양한 설명의 방법을 사용할 때는 문장 간의 긴밀성에 유의하도록 한다.

> 이유, 해결방법, 실천방법 등을 쓸 때 '특히, 무엇보다'를 사용해서 강조할 수 있도록 한다.

마무리

이처럼 대체 에너지는 친환경적이며 그 종류도 다양하지만 아직 생산량이 부족한 편이기 때문에 에너지 절약을 위해 노력해야 한다.

> 글 전체에 대해 간단히 마무리하도록 한다.

4과 근거 제시형

서론	<u>저출산이란</u> 태어나는 아이들의 수가 줄어드는 현상을 <u>일컫는다</u>. 최근 저출산이 가속화됨**에 따라서** 여러 가지 문제가 속출하고 있다.	정의로 시작하되, 주제에 대한 문제 제기를 한다.	정의

중심 문장

뒷받침 문장

본론	**먼저,** 저출산의 원인 중의 하나로 가치관의 변화를 꼽을 수 있다. 젊은 층들의 가치관 변화로 인해서 비혼주의자들이 늘고 있다. 요즘 젊은 사람들은 결혼과 출산보다 자신의 행복과 자아실현을 더 중요하게 생각하는 사람들이 늘고 있기 때문이다. **또한** 경제 불황도 하나의 원인이라고 볼 수 있다. 경제가 지속적으로 침체되다 보니 실업률이 갈수록 높아지고 있다. 대학을 졸업하더라도 직장을 못 구하는 청년들이 늘면서 결혼은 엄두도 못 내는 것이다. 저출산이 가속화된다면 여러 가지 문제가 발생할 수 있다. **예를 들어,** 인구가 감소하다 보면 노동 인구도 자연스럽게 줄게 될 것이다. **그러면** 경제 불황이 지속되면서 실업자들도 늘게 되는 한편 고령 인구 증가로 인해 사회적 부담이 커질 수밖에 없다. **그러므로** 우선 노인 빈곤 문제를 해결하기 위해서 다양한 사회 보장 제도를 만들고 노인들도 일할 수 있도록 지원해야 한다. **또한** 출산율을 높이기 위해서 청년들의 일자리 창출과 국가의 보육 정책이 잘 마련되어야 할 것이다.	근거 제시를 할 때는 '중심 문장+뒷받침 문장' 형식을 취하도록 한다. 단락 간의 긴밀성에 유의하도록 한다. 반드시 문제점을 실질적으로 해결할 수 있는 방안을 쓰도록 한다.	중심 문장 뒷받침 문장 첫 번째 단락과의 긴밀성 유지를 위해 앞 단락을 언급하면서 시작하도록 한다. '근거-문제점-해결책' 순으로 긴밀하게 연결되도록 '그러므로, 이러한 이유로' 등을 사용해서 해결책을 쓰도록 한다.
결론	저출산으로 인한 인구 감소는 여러 가지 사회 문제를 일으키기 때문에 반드시 <u>해결되어야 한다</u>.	주장을 강조하면서 마무리한다.	'아/어야 하다'를 사용해서 주장의 당위성을 강조한다.

5과 문제 해결형 1

주제를 부각시키는 방법으로 '-에 따라(서)'를 사용할 수 있다.	**서론**	사회의 발전에 따라 인재에 대한 기준도 달라지고 있다. 이 글을 통해서 21세기형 인재의 조건과 그러한 인재를 기르기 위한 교육 방법에 대해서 살펴보고자 한다. |주제를 부각시키고 무엇에 대해 쓸 것인지 밝힌다.
중심 문장 뒷받침 문장	**본론**	먼저 21세기 인재의 조건으로 비판력, 창의력, 세계 시민의식 등이 있다. 수많은 정보를 분석해서 옳고 그름을 판단할 수 있는 능력이야말로 가장 중요한 능력이다. 분석 능력 못지않게 새로운 정보를 창출할 수 있는 창의력도 중요하다. 또한 지구촌화 시대에 세계인과 더불어 살 수 있는 시민의식도 갖추어야 한다.	나열의 방법으로 중심 문장을 쓴 후에 각각에 대한 세부 설명을 뒷받침 할 수 있도록 한다.
중심 문장 예시 뒷받침 문장		이러한 인재를 기르기 위해서는 교육 방법이 변하지 않으면 안 된다. 예컨대 지식의 수용자 역할만 했던 학생들이 이제는 교육의 주체가 되어 수업에 능동적으로 참여할 수 있어야 한다. 좀 더 구체적으로 말하면 학생들에게 무조건 많은 정보를 암기하도록 하는 것이 아니라 질문과 토론을 통해 문제를 해결할 수 있는 능력을 길러주어야 한다는 것이다.	방법이나 해결책을 쓸 때 구체적인 예를 들도록 한다.
앞에 쓴 내용을 구체화 시키고 싶을 때 이 표현을 쓰도록 한다.		끝으로 이러한 인재가 되기 위해서 초·중·고 학생들을 막론하고 모든 청소년들도 스스로 독서를 통해 깊게 사고하는 훈련을 해야 한다. 또한 창의력은 평소 어떻게 생활하느냐에 달려 있기 때문에 사소한 것도 그냥 지나치지 않고 탐구하는 습관을 길러야 한다.	개인적 차원에서 해결하거나 실천할 수 있는 방법을 제시할 때는 실행 가능한 것이어야 한다.
	결론	지금까지 미래 인재에 대해서 살펴보았다. 미래 인재는 변화된 교육을 받은 청소년들이 스스로 노력할 때 길러질 수 있다는 것을 알 수 있다.	주장을 강조하면서 마무리한다.

6과 문제 해결형 2

서론

　행복이란 생활에서 기쁨과 만족감을 느껴 흐뭇한 상태를 말한다. 사람들은 보통 행복은 마음먹기 나름이라고 한다. 이 글을 통해서 행복에 대해서 구체적으로 알아보겠다.

주제에 대한 정의로 시작하고 무엇에 대해 쓸 것인지 밝힌다. → **정의**

이처럼 쓸 내용에 대해 명시적으로 밝히고 쓸 수도 있다.

본론

　먼저, 행복과 돈의 상관관계에 대한 생각은 다음과 같다. 행복한 감정을 느끼려면 반드시 돈이 필요하다고 생각한다. 그 이유는 우리는 돈으로 원하는 물건을 살 수 있거니와 아플 때 걱정 없이 진료를 받을 수 있기 때문이다. 만약 돈이 없다면 몸이 아플 때 병원에 갈 생각도 못 할 것이다. 그리고 여름 휴가나 가족 여행도 그림에 떡이라고 할 수 있다.

　다음으로 행복한 삶을 위해 우리가 실천할 수 있는 일도 많다. 우선 학창시절에는 끊임없이 자신의 관심 있는 분야를 찾고 공부하면서 탐구할 필요가 있다. 무엇인가에 관심이 있다는 것은 그것에 재미를 느낀다는 것이고, 재미를 느낀다는 것은 행복한 감정이 생겼다는 의미이기 때문이다. 예컨대, 관심 있는 일을 찾고 열심히 노력해서 능력을 쌓으면 자신이 원하는 일을 찾을 수 있고 능력도 인정받을 수 있을 것이다. 무엇보다 가족과 친구들과 좋은 관계를 유지하려는 태도를 가져야 한다. 그들과의 관계 속에서 큰 행복을 찾을 수 있기 때문이다.

쓸 내용을 명시적으로 밝히고 그에 대한 중심 문장과 뒷받침 문장을 쓰도록 한다. → **중심 문장** / **뒷받침 문장**

중심 문장에 대한 근거를 논리적으로 구체화 시킬 때 쓸 수 있는 표현이다.

단락을 구성할 때 문장의 풍부성과 다양성을 생각하면서 구체화 시키는 연습을 하도록 한다. → **예시**

→ **강조**

결론

　이처럼 행복을 얻기 위해서는 돈도 중요하지만 일상생활에서도 느끼는 감정이기 때문에 사소한 것부터 실천하려는 의지가 중요하다.

주장을 강조하면서 마무리한다.

7과 비판·논쟁형 1

주제를 부각시키는 방법이다.	**서론** — 4차 산업 혁명이 가속화되면서 인공 지능 로봇에 대한 관심이 부각되고 있다. 그런데 인공 지능 로봇 발전에 대해서 찬성하는 입장과 반대하는 입장이 있다.	주제를 부각시키면서 논쟁의 쟁점을 밝힌다.
대조 표현을 사용해서 장점과 단점을 쓴다.	**본론** — 먼저 AI 로봇은 소방관이나 군인 같이 위험한 일을 대신해 줄 수 있을 뿐만 아니라 인간과 협업해서 생산성을 높여주기 때문에 기업에 큰 이익을 가져다준다는 장점이 있다. 반면에 인간의 일자리를 로봇이 빼앗게 되면 실업 문제가 심각해질 수도 있다. 또 로봇이 계속 발전하면 인간을 위협할 수 있다는 단점도 있다.	주제의 긍정적인 면과 부정적인 면을 구체적으로 쓴다.
반대할 때는 '그러므로', 찬성할 때는 '그럼에도 불구하고'를 사용해서 쓰도록 한다.	그러므로 인공 지능 로봇 발전에 대해서 반대한다. 그 이유는 AI로봇이 아무리 발전한다고 해도 인간의 고유한 감성과 이성을 따라 올 수 없기 때문이다. 특히 로봇이 친구들이나 반려 동물처럼 감정교류까지 완벽하게 대체할 리 만무하다	자신의 입장을 밝히고 그에 대한 이유를 쓴다.
예시를 통해 이유를 구체화 시킨다.	무엇보다 로봇이 계속 발전하다 보면 인간의 생명까지 위협하기 마련이고 결국 인간들은 그런 로봇들과 싸우지 않으면 안 될 것이다. 일례로 스스로 사고하고 발전하는 인공 지능 로봇들은 인간의 능력을 능가하고 있어서 명령을 어기고 독단적인 행동을 할 가능성도 있는 것이다.	주장을 강조하기 위해 두 번째 이유를 쓴다.
	결론 — 인공 지능 로봇이 계속 발전된다면 결국 인류를 큰 위기에 빠지게 할 수도 있기 때문에 멈추지 않으면 안 된다.	주장에 대한 당위성을 강조하면서 마무리한다.

8과 비판·논쟁형 2

서론	최근 강력한 범죄가 일어나면서 감시 카메라의 중요성이 부각되고 있다. 그런데 사회가 감시를 강화하는 것에 대해서는 찬성하는 사람이 있는 **반면에** 반대하는 사람들도 있다. 나는 이에 대해서 찬성한다.	주제를 부각시키면서 논쟁의 쟁점을 밝힌 후, 자신의 입장을 밝힌다.	대조 표현을 사용해서 논쟁의 쟁점을 부각시킨다.
본론	**먼저** 사회가 감시를 강화하는 것에 대해 찬성하는 이유 중의 하나로 예측할 수 없는 범죄 예방에 도움이 된다는 것을 들 수 있다. **예를 들어,** 최근 일어나고 있는 강력 범죄는 불특정 다수에게 일어나기 때문에 실시간 감시가 이루어지지 않는다면 선의의 피해자들이 생길 수밖에 없다. 　**또한** 각종 질병을 예방하거나 확산을 막을 수 있는 것도 하나의 이유로 볼 수 있다. **그 예로** COVID-19 확진자 동선 애플리케이션을 들 수 있다. 그 애플리케이션 덕분에 환자를 신속하게 찾아내서 치료하고 바이러스 확산을 예방할 수 있었다. 　**물론** 사회의 감시가 강화되면, 국가나 기업 그리고 범죄자들이 나쁘게 이용할 수 있다는 문제점이 있다. 스마트폰이야말로 온갖 감시 기능을 갖춘 도구라고 할 수 있는데 만약 범죄로 악용된다면 문제가 될 수 있다. 이런 문제를 해결하기 위해서 사이버 수사를 강화하고 시민의 인권과 자유를 침해하지 않는 범위에서 감시활동을 하면 될 것이다.	주장에 대한 가장 중요한 이유를 들도록 한다. 주장에 대한 두 번째 이유를 들도록 한다. 주장에 대한 문제점과 그에 대한 해결책을 쓰도록 한다.	예시를 들어 이유를 구체화시킨다. 예시를 들어 이유를 구체화시킨다. 자신의 주장에 대한 문제점 쓰기 문제점에 대한 해결책 쓰기
결론	**지금까지** 사회의 감시 강화에 대해서 살펴보았다. 사회의 적절한 감시는 국민의 생명을 보호하고 사회 질서를 유지하기 때문에 강화하는 것이 바람직하다고 생각한다.	주장에 대한 당위성을 강조하면서 마무리한다.